日本男色物語

奈良時代の貴族から
明治の文豪まで

從奈良貴族、戰國武將到明治文豪，
男男之間原來愛了這麼久

武光誠◎監修
馮鈺婷◎譯

前言

將男色視為
稀鬆平常的古代日本

○●

各位聽到「男色」或「男同性戀」會有什麼感覺？是否會讓有些人聯想到「不被社會允許」或者「禁忌」等字眼呢？

不過那只代表近代社會中的一種觀點。日本明治時代初期，所謂的「男色」風俗和男女戀愛享有同等的待遇。明治初期距今不過約一百五十年。而在明治時代之前，男色也絕非異端或禁忌，反而極為常見。

在江戶時代，日常生活處處可見男色文化，如春畫、春本等色情刊物中，除有男女交合的圖畫之外，也參雜了男男交合的畫作。戰國時代也是如此，每位自海外訪日的傳教士，見到日本人對待男色的寬容態度都會大吃一驚。在室町時代、鎌倉時代，愛好男色之人也不必隱藏自己的興趣。而在平安時代，有些貴族明知子孫會讀自己的日記，仍在日記中寫下男色方面的經歷。

可見日本自平安時代末期直到明治時代初期，長達約八百年的時間，男色從未被視為特殊的行為。

比方說，奈良時代有名的萬葉歌人大伴家持，曾經贈予男性同僚情意綿綿的和歌。平安時代也有貴族追隨情人一同出家。平安時代末期之後，佛寺內的僧侶若無其事地和稚兒享受男色行為。戰國時代，武田信玄曾因外遇曝光，寫信向男色對象賠罪，而前田利家、北條氏康、伊達政宗等著名的戰國大名，也都留有男色相關的逸聞。江戶時代出現被稱作「陰間」的男娼，而重視精神結合的「眾道」也自戰國時代流傳下來，兩者共創絢麗多彩的男色文化。著名俳諧師松尾芭蕉曾和男性情人一同旅行，江戶幕府的將軍德川家光和德川綱吉，也醉心於男色之中。

過去男色一直為多數日本人所接受，本書從過去這些時代的史料中，整理出許多男色相關的逸聞，希望各位沉浸在認識這耽美而深奧的男色世界樂趣中。

目次

二 中世紀日本 武家社會的男色文化

三 戰國時代的「眾道」：大名與小姓的男色關係

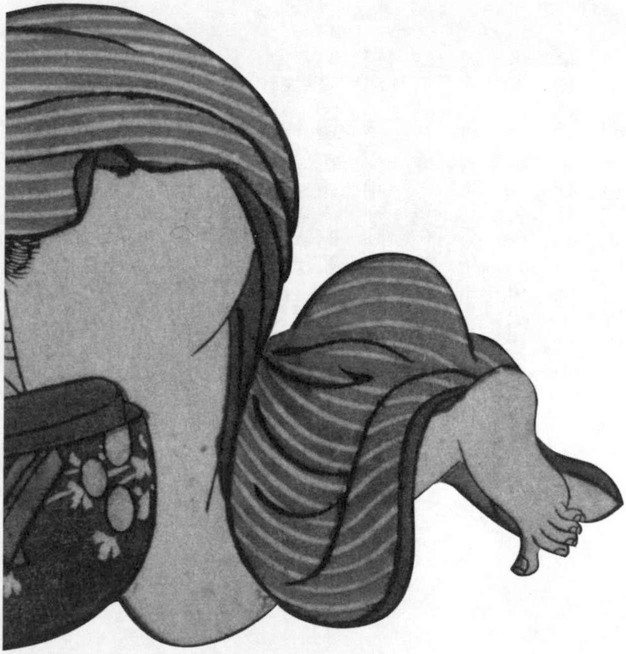

四 庶民享受男色的江戶時代

五 男色漸成禁忌的明治時代

重返千年男男戀愛現場

回到那個對同性戀毫無偏見和歧視的年代，探索各個時代、各種身分階層的人是如何享受男色的樂趣？

古今海內外皆有男色，讓我們藉由史料，認識日本從古至今的男色史。

——男男之間原來愛了這麼久。

江戶知名浮世繪師鈴木春信筆下的男色春畫。

古代

七一〇年

●阿豆那比之罪●

日本最早的男色記載，即《日本書紀》中的「阿豆那比之罪」。

奈良時代

●《萬葉集》成書●

《萬葉集》為現存最早的和歌集，收錄四千五百首以上的和歌。其中也有幾首能夠解釋為男男戀情的和歌。具代表性的萬葉歌人大伴家持，亦留有數首帶有男色色彩的和歌，《萬葉集》中收錄其四百七十三首和歌，一般認為《萬葉集》極有可能由大伴家持所編。

七九四年

●平安京遷都●

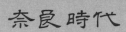

平安時代

●《伊勢物語》成書●

《伊勢物語》中亦收錄了超越友誼的男男故事。

八〇五年

●空海回國●

西元八〇五年，弘法大師空海自中國唐朝回到日本。一般認為空海是日本男色文化的始祖，但這不過是傳聞而已。

十一世紀前半

●《源氏物語》成書●

日本最早的長篇小說《源氏物語》當中，也有一段帶有男色色彩的記述：主角光源氏和一名少年同床共枕，並撫摸少年的身體。

一〇一七年

●藤原賴通就任攝政●

一一二〇年

●藤原賴長出生●

西元十一世紀初至十二世紀初，日本進入攝關時代，由藤原氏獨攬攝政、關白大權，國風（和風，相對於奈良時代的唐風而言）文化蓬勃發展。握有權力的公家之中，也有愛好男色的人。

一一八〇年

●源平合戰（治承、壽永之亂）爆發●

鎌倉時代

一一八五年

●鎌倉幕府設立●

一二二一年

●承久之亂爆發●

後鳥羽上皇舉兵反抗幕府，戰敗後遭流放至隱岐。後鳥羽上皇曾和數人傳出男色緋聞。

十三世紀初

●鎌倉新佛教出現●

日本陸續出現淨土宗、淨土真宗、時宗、日蓮宗、曹洞宗等新興佛教。過去佛教寺院即流行男色，而這些新設寺院的僧侶也和稚兒發生男色關係。

一三三三年

●鎌倉幕府滅亡●

室町時代

一三六八年

●足利義滿就任將軍●

足利義滿就任室町幕府第三代將軍。義滿酷愛美少年，經常起用猿樂（能樂）、延年舞的少年舞者，也會從武家當中提拔美少年。猿樂者世阿彌憑藉義滿對自己的寵愛，使猿樂昇華為具有藝術性的能樂。

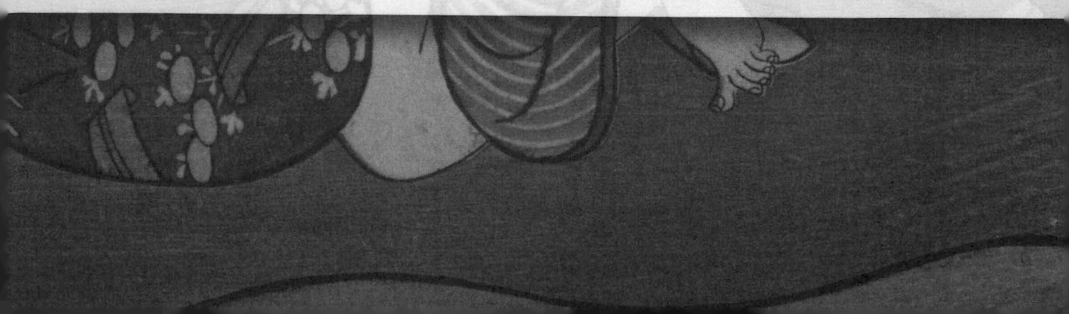

戰國時代

一四四一年

●嘉吉之亂爆發●

室町幕府第六代將軍足利義教遭到暗殺。嘉吉之亂的起因之一即在於義教的男色愛好，其據傳與家臣赤松貞村有男色關係。

一四六七年

●應仁之亂爆發●

一四九三年

●明應政變為戰國時代揭開序幕●

戰國武士總有小姓隨侍在側，照顧武士的生活起居。小姓必須為主人搏命戰鬥，因此與主人感情極深，其中也有小姓會與主人發生性關係。

●有過男色傳聞的戰國武將●

前田利家
織田信長
武田信玄
伊達政宗

一五七三年

●室町幕府滅亡●

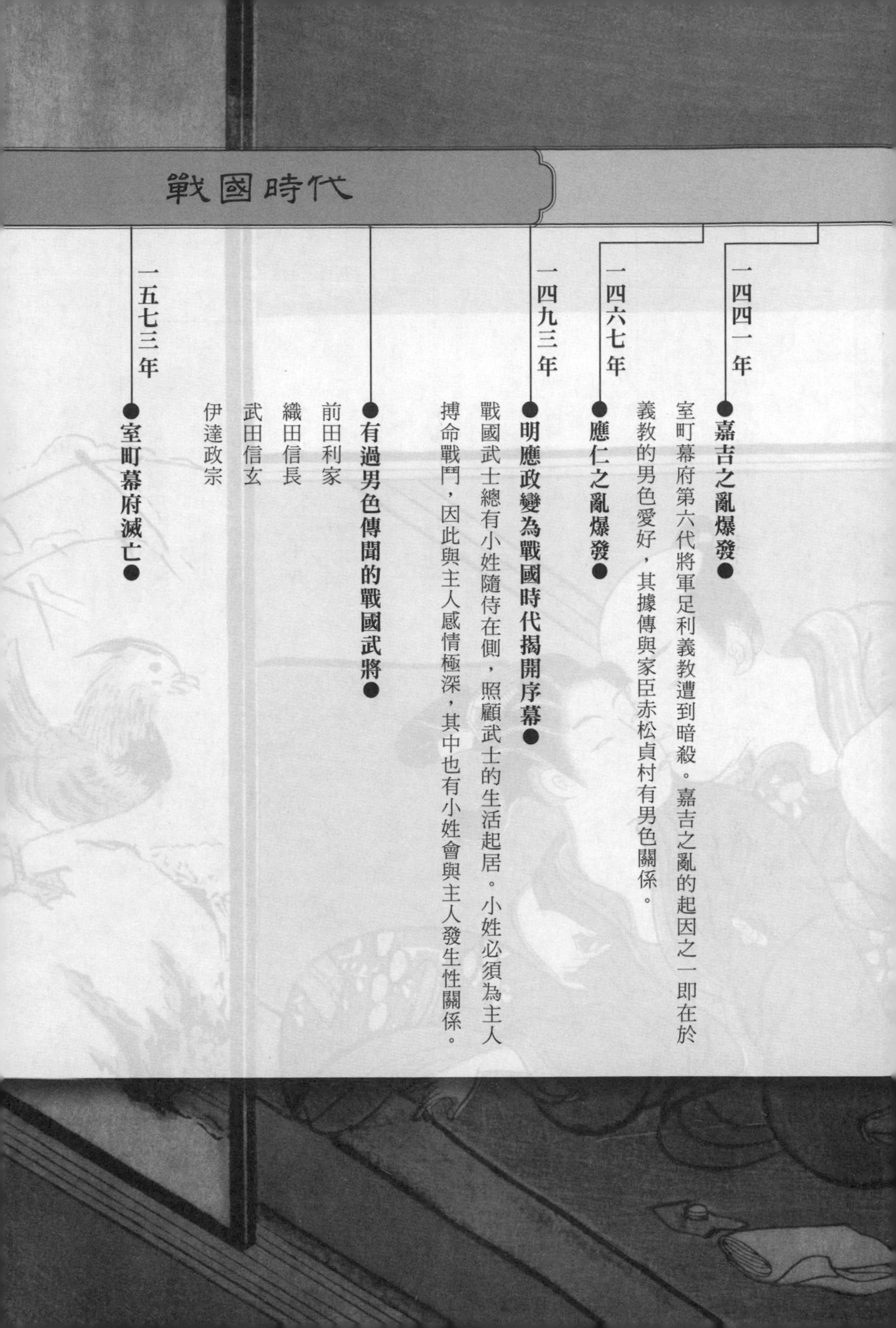

江戸時代

一六〇三年

若眾歌舞伎登場

江戸時代初始時即有若眾歌舞伎，但直到後來才突然流行起來。多數演員會以男性為對象賣春。

陰間茶屋誕生

專營少年賣春業的「陰間茶屋」誕生。以男性為對象賣春的少年稱為「陰間」，但客人中有時也有女性。

浮世繪的時代

在江戸時代，浮世繪從書籍插畫中獨立出來，昇華為藝術作品。多色印刷發明後，衍生出許多不同的類別，「春畫」也是其中一類。許多春畫繪有男男性交的場面。

一八六七年

大政奉還

明治時代

由於西洋文明的傳入與脫亞入歐的思想，男色逐漸被視為禁忌

一

探尋日本男色的起源

男色の起源をさぐる

王朝貴族の男と男

日本最早的男色記載

○●因男男之情而遭降罪的神職人員

若要談論日本的男色文化，最令人好奇的莫過於最早的男色記載。江戶前期的浮世草子[1]《男色大鑑》中，有如下敘述：「天照神代之初，浮橋河畔有鳥名為尻引，習得此鳥教導之眾道，甚愛日千麿命，因萬蟲皆以若契[2]之形顯現，日本亦名蜻蛉國。」「眾道」簡言之即為男色，而這段文字是在說明日本自神代時代[3]起便有男色的傳統。這本書的作者為井原西鶴，但沒有人知道他是根據哪份文獻寫下這段文字，也沒有人知道「日千麿命」是哪位神明。

西元七二〇年（養老四年）完成的《日本書紀》[4]中，提到了「阿豆那比之罪」，這個故事被視為最早的男色相關記載。某日，神功皇后[5]造訪紀伊國，發現那裡不論晝夜皆處於黑暗之中，而且同樣的現象持續了好幾天。神功皇后問起背後緣由，一名老人回答：「二社祝者，共合葬歟。」（可能是因為將兩座神社的祝者，埋葬在一起的緣故）並且敘述了下面這段故事：

> 小竹祝與天野祝，共為善友。小竹祝逢病而死之，天野祝血泣曰：「吾也生為善友，何死之無同穴乎？」則伏屍側而自死，故合葬焉……

小竹祝、天野祝為人名，「祝」為神社祭司「神主」之意，這裡描述的是小竹和天野這兩名神主的故事。兩名神主感情極好，小竹祝病故後，天野祝流下血淚說道：「我們活著的時候是『善友』，為何死後不能葬在一起？」說完便躺在小竹祝的屍體旁邊，自殺身亡，兩人最後葬在一起。這樣的行為被稱作「阿豆那比之罪」，神明將該行為視為「天津罪」——等同於素戔嗚尊[6]在高天原犯下的大罪，因此白晝才會宛如黑夜一般昏暗。

這裡值得注意的是「善友」一詞，日文寫作「うるわしき友」（親密的朋友），而不是直接使用「友」，代表兩人之間的情誼很可能超越普通朋友。

【1】江戶時代的一種小說類型，始於井原西鶴《好色一代男》，主題多為平民生活。

【2】共結男色關係。

【3】神武天皇即位前（西元前六六〇年以前）的神話時代。

【4】日本留傳至今最古老的正史，原名為《日本紀》，採用漢文編年體寫成，留下許多日本神話傳說和古代歷史記載。（編註）

【5】日本第十四代天皇仲哀天皇的皇后。

【6】日本神話中伊邪那岐、伊邪那美之子，天照大神之弟，又名須佐之男，個性暴戾，因四處惹事而被逐出高天原。

此外，天野祝彷彿殉死般的行為，也蘊釀出超乎友誼的氛圍。一般認為這二人的關係就是最早的男色記載。

然而，沒人知道文中的「阿豆那比之罪」，是否意味男色被視為一種罪行。時至今日「阿豆那比」的涵義已不可考，但從前後文推斷，「阿豆那比」雖是某種觸怒神明的不潔行徑，但並不是現代所稱的犯罪。老人認為兩人合葬一事使得該處陷入昏暗。白晝之所以宛如夜晚般漆黑，終究只是因為兩人死後被埋葬在一起，文中並沒有說這是由於兩人之間的情愛關係。或許當時的人認為，兩名神主不應合於一處祭祀吧。

男

日本最古老歌集《萬葉集》中的男男戀歌

○●男男稱呼對方為「心愛之人」的和歌

《萬葉集》收錄了四千五百首以上的和歌，是日本現存最古老的歌集，編纂年代自奈良時代末期，至平安時代初期。《萬葉集》中也有幾首帶有男男色彩的和歌。

首先是山部赤人的和歌。山部赤人是奈良時代後期的公家[7]，同時也是一位知名的歌人，《萬葉集》一共收錄了五十首山部赤人的長歌、短歌[8]，他後來更被選為三十六歌仙[9]之一。然而山部赤人屬於低級官員，官位最高只有從六位下，幾乎沒有留下和歌以外的事蹟。

山部赤人的和歌如下：

【7】日本朝廷的文官，相對於「武家」而言。依律令制，自一位至初位可分三十種位階，其中三位以上及任參議（正四位下）者，稱為「公卿」。

【8】長、短歌皆為和歌歌體，短歌字數為「五、七、五、七、七」，長歌則為「五、七、五、七……（重複三次以上）七」的形式。

【9】平安時代藤原公任《三十六人撰》所載的三十六位和歌名家。

欲召吾友至，共賞此梅花，
大雪紛紛降，梅花且被遮[10]。
（我が背子に見せむとおもひし
梅の花それとも見えず雪のふれれば）

想帶你欣賞梅花，卻因下雪而無法見到梅花芳蹤。這首詠嘆梅花的和歌看似平凡無奇，但其中的「背子」一詞卻值得注意。

男性稱呼女性時一般用的是「君」；而「背子」則是女性對於丈夫或情人的稱呼，對象是男性。也就是說，山部赤人在這首和歌中，對著另一名男性傾訴情衷：「想帶心愛的你去看梅花……」

另一首和歌則是由高丘河內連所作。高丘河內連和山部赤人是同一時代的公家，他的官位比山部赤人高，最高升至正五位下，但仍屬於低級官員。《萬葉集》中收錄了兩首他的和歌，其中一首如下：

與妹同鄉里，二人得共居，
山高無月照，也是好茅廬[11]。

（我が背子と二人し居れば
山高み里には月は照らずともよし）

月光被高山遮蔽，但只要和心愛的你在一起，即使這樣也無所謂。這首和歌非常浪漫，不過第二人稱同樣用的是「背子」而不是「君」，代表和高丘河內連在一起的人是他心愛的男性，這點和山部赤人的和歌相同。

《萬葉集》中還有一些男性贈予男性的戀歌，如笠金村在女兒的請託下，代替女兒寫下的和歌。然而，山部赤人和高丘河內連的和歌，稱呼對象為「心愛的你」，令人強烈感受到男男間的愛戀。

【10】引自楊烈譯《萬葉集》（一九八四年，湖南人民出版社，上冊頁二八九）。

【11】引自楊烈譯《萬葉集》（一九八四年，湖南人民出版社，上冊頁二三〇）。

萬葉歌人大伴家持稱為「愛人」的少年

○●將對少年的愛寫進和歌

大伴家持是奈良時代的代表歌人，他也有一些男色相關的傳聞。

下列三首是大伴家持贈予藤原久須麻呂的和歌。藤原久須麻呂是左大臣藤原仲麻呂的兒子。藤原仲麻呂受到孝謙天皇重用，握有政治實權，然而後來與孝謙天皇關係生變，發動叛亂後遭到處死，而他的兒子久須麻呂也因參與叛亂，在戰爭中身亡。

接著就來看看大伴家持這三首和歌：

春雨隨時降，梅花尚未開，
人花同美麗，好伴早春來[12]。

（春の雨はいやしき降るに
梅の花いまだ咲かなくいと若みかも）

如痴如夢裡，所念亦悠哉，
可愛君家使，時時到此來。

（夢のごと思ほゆるかも
はしきやし君が使いのまねく通へば）

枝葉尚嬌嫩，梅花難遽開，
人言多可畏，念此我徘徊。

（うら若み花咲きがたし
梅を植えて人の言繁み思ひぞ我がする）

第一首意為「春雨不停下著，梅花過於幼小，仍未綻放」，是一首感嘆梅花尚未綻放的和歌，並無特別之處。

第二首中的「はしきやし」，漢字寫作「愛しきやし」，而「はしきや

【12】引自楊烈譯《萬葉集》（一九八四年，湖南人民出版社，上冊頁一六九），後兩首同。

し君」即為「心愛的你」之意，意味著久須麻呂是家持心愛之人。

整首和歌意為「心愛的你經常派遣使者前來，對我而言彷彿做夢一般」，由此可見，久須麻呂的使者頻繁前往大伴宅邸，而家持也為此感到高興。

第三首中的「人の言繁み」為「傳出流言」之意，而整首和歌意為「種下含苞未放的梅花，外人議論紛紛，令我心煩意亂」。從中可以看出他們的關係受到外人議論，家持因而感到困擾。

這三首和歌約於西元七六〇年（天平寶字四年）寫成，當時大伴家持四十二歲。藤原久須麻呂生年不詳，當時的年紀也不得而知，不過他在西元七五九年（天平寶字三年）已升至從五位下，他父親仲麻呂當時受到孝謙天皇重用，晉升至右大臣，因此久須麻呂的升遷速度可能也比一般人快。這樣說來，西元七六〇年時久須麻呂應該還不到二十歲。

雖然也有人將「春雨」解讀為久須麻呂的使者、將「梅花」解讀為家持的女兒[13]，然而和歌中的「心愛的你」仍不免讓人心生聯想。

◐和歌贈答的男色關係

大伴家持還有兩首贈予藤原久須麻呂的和歌：

心情繁亂甚，一念起愁思，
恰似春霞起，山間漫繞時[14]。
（心ぐく思ほゆるかも
春霞たなびく時に言の通へば）

春風吹起後，四出有聲音，
今日無消息，憑君自在心。
（春風の音にし出なば
ありさりて今ならずとも君がまにまに）

第一首意為「春霞繚繞時收到這般言語，令人好生難受」。歌中的「心ぐし」一詞雖為難過之意，卻不只是一般的難過，還帶了點為情所苦的味道。

【13】有學者認為，久須麻呂曾派使者向家持表示自己（另一說為其子）有意迎娶家持之女為妻，家持因女兒年紀尚輕，而作和歌婉拒對方。

【14】引自楊烈譯《萬葉集》（一九八四年，湖南人民出版社，上冊頁一六九），後同。

第二首較難解讀，直譯為「春風之音一旦響起，時光流逝，即使並非此刻，仍能如君所願」。有人將「春風の音にし出なばありさりて」解讀為「當你下定決心之時」，這樣一來，整首和歌就能解釋成「即使不是現在也沒關係，當你下定決心後，你可以自己做決定」，令人對他們的關係有更深一層的聯想。

對於大伴家持的贈歌，藤原久須麻呂回覆了以下兩首答歌：

深山岩蔭下，生長菅根深，
我有般勤意，豈無相思心[15]。
（奥山の岩蔭に生ふる
菅の根のねもころ吾も相思はざれや）

人宜待春雨，春雨待時來，
我舍梅花樹，含苞尚未開[16]。
（春雨を待つとにしあらし
吾がやどの若木の梅もいまだふくめり）

第十首意為「我心宛如深山岩蔭下生長的菅草根般，怎能不懇切地思念著你」，從中可以看出久須麻呂也對家持抱有好感。

第二首一般譯為「是否在等待春雨呢？我家的小梅樹仍含苞未放」，是久須麻呂詠嘆自家梅花尚未綻放的和歌。然而，這是用以回覆家持「春風の音にし出なば」一歌的答歌，應該不只是描述庭園景色而已，因此「春雨」和「小梅樹」很可能是某種比喻。我們可以將「小梅樹」視為年輕的久須麻呂，將「春雨」視為家持，這樣一來，整首和歌便能解讀成「我雖然年輕，但我仍會等你（家持）」。

另外，江戶時代研究《萬葉集》的知名學者契沖的弟子海北若冲在《萬葉作者履歷》一書中，針對大伴家持寫道：「同卷尾之歌，為久須麻呂美少年贈答也，男色尚古來考」（大伴家持與美少年藤原久須麻呂之間的和歌贈答，自古即被視為一種男色關係）。由此可知，世人自古即對兩人的關係有所議論。

【15】引自楊烈譯《萬葉集》（一九八四年，湖南人民出版社，上冊頁一六九）。
【16】引自楊烈譯《萬葉集》（一九八四年，湖南人民出版社，上冊頁一七〇）。

大伴家持的另一名情人

●大伴家持贈予同僚的深情和歌

大伴家持還有一些男色相關的和歌作品，其中一首如下：

我兄情似玉，更願似鵑聲，
貫玉將聲貫，手持上路行[17]。

（我が背子は玉にもがもな
ほととぎすこゑにあへぬき手に巻きてゆかむ）

如同前文的說明，「背子」是稱呼「心愛之人」時的用語。大伴家持這首和歌的對象是他的同僚大伴池主，不用說自然是男性。池主和家持同屬大伴一族，但是歷史上對大伴池主沒有詳細記載。西元七五六年（天平勝寶八年），大伴池主參與橘奈良麻呂的叛亂計畫，一般認為他遭到逮捕後不久便死於獄中。

而這首和歌意為「心愛的你若是玉就好了，（這樣的話）我就可以將你和杜鵑啼聲用絲線串在一起，纏繞在我手上」。家持拋下心愛的池主遠行，他為此感到悲傷，想帶池主一同離開。

西元七四七年（天平十九年）四月，大伴家持因故自任職地點越中（今富山縣）前往京都時，創作了這首和歌。當時大伴家持年約三十歲，大伴池主年齡不詳，不過他當時擔任越中掾[18]，代替大伴家持留守越中，據推測他和大伴家持的年齡相去不遠。

下面是大伴池主對於此首和歌的答歌：

心中苦戀君，願汝如花面，
石竹花開時，朝朝能得見[19]。
（うらごひし我が背のきみは
なでしこが花にもがもな朝な朝なみむ）

【17】引自楊烈譯《萬葉集》（一九八四年，湖南人民出版社，下冊頁七一二）。

【18】「掾」為日本國司（朝廷派遣的地方官）的第三等官。

【19】引自楊烈譯《萬葉集》（一九八四年，湖南人民出版社，下冊頁七一三）。

家持想帶池主一同離去，而池主對他的回答是：「心愛的你若是撫子花，我就能每天早晨、每天早晨見到你了。」池主在這首和歌中稱呼家持為「背のきみ」（背君），這個詞也可寫作「兄のきみ」（兄君），由此可見，池主很可能比家持年輕。

這些和歌贈答流露出兩人深厚的情感，令人莞爾。遺憾的是，池主沒多久便調往越前（今石川縣南部及福井縣，西元九世紀後分立出加賀國），家持回到越中時，池主已前往越前就任。

隔年五月，家持在庭院中種下一株撫子花，並詠了一首和歌：

庭中牛麥花，植得一枝誇，
思念當時意，誰觀最可嘉。[20]
（ひともとのなでしこ植えし
その心誰に見せむと思ひそめけむ）

他在歌中說：「我種下這株撫子花，是為了給誰看呢。」或許他是想起了身在越前的池主，才會種植撫子花吧。

○●將友人比作情人的和歌創作

西元七四九年（天平二十一年）三月，身在越前的大伴池主，寄信給大伴家持時附上了兩首和歌：

望月如同國，隔山遂異邦，
與君相阻隔，不覺淚成雙[21]。
（月見れば同じ国なり
山こそば君があたりを隔てたりけれ）

聞得人人說，櫻花已盛開，
我今殊不樂，不得事追陪。
（桜花今そ盛りと
人云へど我はさぶしも君とし在らねば）

第一首意為「明月之下，你我身處相同國度，山岳卻阻隔了我們」；第

【20】引自楊烈譯《萬葉集》（一九八四年，湖南人民出版社，下冊頁七二六）。
【21】引自楊烈譯《萬葉集》（一九八四年，湖南人民出版社，下冊頁七二七），後同。

二首意為「人們都說現在是櫻花盛開的時節，然而你不在我身邊，令我寂寞不已」。從中可以看出池主的寂寞心情。這兩首和歌的詞書[22]為：「到來深見村，望拜彼北方。常念芳德，何日能休。兼以鄰近，忽增戀。」池主離開越中兩年，但他對家持的思慕並未減少。順帶一提，深見村位於現在石川縣中部的河北郡，鄰近越中和越前的交界。

家持回贈池主四首和歌，頭兩首如下：

無山相阻隔，並願兩相逢，
望月如同里，心事也重重[23]。
（あしひきの山はなくもが
月見れば同じき里を心へだてつ）

兄處舊垣內，櫻花樹本多，
含苞今欲放，觀賞幸來過[24]。
（我が背子が旧き垣内の
桜花いまだふふめりひと目見に来ね）

「如果沒有山岳就好了，明月之下你我身處同里，山岳卻也阻隔了我們的心」，家持首先表達自己深有同感；「心愛的你過去所住的宅邸，裡頭的櫻花仍含苞未放，你一定要回來看一眼」，接著再邀請池主前來越中。

兩人見面機會不多，但是同年十一月，家持將自己從京都帶回來的針和針袋贈予池主，而西元七五〇年（天平勝寶二年）四月，兩人也有和歌上的往來，繼續保持聯繫。

大伴家持和繼任越中掾的久米廣繩之間，也有深情的和歌往來，可見當時的文壇，或許流行將自己的親密友人比作情人，以進行和歌創作。然而，大伴家持和大伴池主的和歌贈答，還是令人不禁聯想到男色關係。

【22】說明和歌創作的日期、場所、背景的文字，置於和歌之前。
【23】引自楊烈譯《萬葉集》（一九八四年，湖南人民出版社，下冊頁七二七、七二八）。
【24】引自楊烈譯《萬葉集》（一九八四年，湖南人民出版社，下冊頁七二八）。

最早的和歌物語《伊勢物語》中的男色故事

○●花花公子在原業平的「親密友人」

《伊勢物語》成書於平安時代初期，全文由一百二十五段簡短的歌物語[25]所構成，描寫主角自元服[26]至死亡的故事。

該書各段皆以「昔有一名男子」為開頭，因此主角被稱作「昔男」，一般認為這些段落多取自在原業平的經歷。在原業平是《古今和歌集》六歌仙中的其中一人，也是平安時代初期的貴公子兼花花公子，同時被視為《源氏物語》主角光源氏的原型之一，《伊勢物語》中也可見到主角和許多女性交往的風光經歷。然而，其中也有令人產生男色聯想的故事（第四十六段）：

從前，一男子，有個十分親近的朋友。他們二人，片刻不忍分離，那友人卻去了地方他鄉（調離京邑而赴外地），令他非常傷心，依依不捨地別離。經過幾多月日之後，有信寄來：

「久不晤面，不覺已過幾許時日。君或已經淡忘，思之難免傷悲。世人之心往往離別不見，便逕自忘記也。」

故而詠成一首和歌寄去。

目雖離兮形亦別，中心何嘗一刻忘，思君容姿兮如常瞥[27]。

各位一讀就能明白，這段描寫的是兩名男子間的深厚友誼。男主角過去有一位非常要好的朋友（うるわしき友），兩人極為親密，片刻也不分離，然而這位朋友必須遠赴他鄉，兩人就此分別。時光流逝，某天，朋友寄來一封書信，信上寫著：「許久不見，時光匆匆流逝。我很擔心你是不是忘了我，畢竟人心一旦分離就容易忘記彼此。」男主角回覆了一首和歌：「我並不覺得我們許久未見，我一刻也不曾忘記過你，你的面容時常浮現在我眼前。」

這或許只是朋友重溫舊時情誼的書信，然而文中卻能隱約讀出兩人有某種特殊關係。男主角用以形容朋友的「うるわし」一詞，雖有「誠實」、「有禮」之意，但也有「親密」、「美麗」之意。男主角回信給美麗的密友，告

【25】平安時代以和歌為中心的物語。

【26】日本古代男子的成人儀式。

【27】原文為日文古文，此處引自林文月譯《伊勢物語》（一九九七年，洪範，頁一一五）。

訴對方「你的面容時常浮現在我眼前」，這麼看來，兩人不只是普通朋友，很可能真的有什麼特殊關係。

順帶一提，根據平安時代的史書《日本三代實錄》的記載，《伊勢物語》這名主角的原型——在原業平，是個「體貌閑雅，放縱不拘」（貌美且不拘小節）的人。

《源氏物語》主角光源氏與少年的戀愛

○●與少年同床共枕的花花公子

平安時代有一名虛構的花花公子「光源氏」，如各位所知，他是紫式部《源氏物語》的主角。光源氏是桐壺帝這名虛構天皇的兒子，不僅身分高貴，而且容貌端正、性格善良，世間絕無僅有，被人譽為「光君」。《源氏物語》成書於西元十一世紀初期，為世界上最早的長篇小說，全書共有五十四帖。第二帖〈帚木〉中有下面這段劇情：

> 源氏只得說：「算了，算了。至少你可不要背棄我喲。」遂留他在身邊伴著自己睡覺。對此意外的恩寵，少年人感到十分榮幸。幼小的心靈裡覺得主人這麼年輕多情，難怪大家都和自己一樣思慕

他。源氏心裡也在想：跟那位個性強的女子相比，這個孩子倒是顯得懂事而惹人愛哩[28]。

光是列出文字，各位可能不明白其中含義，現在就來說明一下其故事背景。

光源氏又名「源氏之君」，他愛上了名叫空蟬的有夫之婦。兩人曾一度結合，但是空蟬此後再也沒有答應過源氏之君的邀約，因此源氏之君便找上了空蟬的弟弟小君，他想要拉攏小君，藉此接近空蟬。

前面文字的大意為「源氏之君對小君說：『你可別拋下我』，並讓小君睡在自己身旁。小君為源氏之君年輕而溫柔的模樣感到欣喜，另一方面，源氏之君也覺得小君比冷淡的空蟬還要可愛」。

此時源氏之君十七歲，小君年約十二、三歲。從字面上讀起來，兩人雖然沒有肉體上的關係，但是他們並不討厭對方，甚至有著強烈的情感連結。

在這之前，小君為了撮合源氏之君和姊姊空蟬而不停奔走，空蟬卻不太理會源氏之君。源氏之君因而對小君說：「昨天我等了你一天，但看來你並不在意我」，意圖使小君感到困窘。

源氏之君覺得小君為自己盡心盡力，十分可愛，便帶他進入內裡[29]，還為他挑選衣裝，對小君寵愛有加，最後甚至和小君同床共枕。年長的男性和十二、三歲的少年同床共枕，令人聯想到寺院中僧侶和稚兒[30]的關係。

○●源氏之君暗中撫摸少年的身體

第三帖〈空蟬〉繼續描寫源氏之君和小君的關係：

光源氏輾轉反側不成眠，幽幽地說：「我從來沒有被人這樣憎恨過，今晚算是生平頭一遭嘗到人生的悲辛。真教我羞愧得不想活下去了。」睡在他身旁的少年聽見他這話，甚至同情地淌下眼淚來。源氏見他如此純真，心中十分疼愛。他暗中摸索，觸及少年那纖細的身體。記得那人的頭髮也不怎麼長，身子也是嬌小的，姊弟倆真的極相像，更使他懷念又心痛。既然對方故意躲著自己，硬要執拗相纏，也著實太不像話。這一夜竟如此怨歎過去，次晨天未大亮便早早離開。看著主上與往常大不相同，連一句親切的話也不說，少

【28】原文為日文古文，此處引自林文月譯《源氏物語》（一九八五年，中外文學月刊社，頁四七）。

【29】天皇居住的宮殿。

【30】原指幼兒，後多指佛寺內的童僕，多為僧侶的男色對象。

年既同情又覺著若有所失[31]。

這一晚，源氏之君想見空蟬卻不得見，便邀小君共眠。源氏之君被空蟬拒絕後，要小君睡在他身旁，傾吐心中不滿，甚至還撫摸小君的身體（「暗中摸索」一段）。隔天源氏之君早早離去，令小君悵然若失。

文中並未提及兩人是否發生性關係，然而「他暗中摸索，觸及少年那纖細的身體」的文字描寫，還是讓人有性方面的聯想。

即使沒有肉體關係，我們仍然可以推斷，源氏之君和小君確實有過一段深刻的精神之愛。

【31】原文為日文古文，此處引自林文月譯《源氏物語》（一九八五年，中外文學月刊社，頁五二）。

攝關時代貴公子 藤原賴通的男色愛好

○●愛好美少年的天皇外戚

平安時代可謂貴族與天皇的時代。西元十至十一世紀平安時代中期，藤原氏嫡系家族以外戚身分，獨佔攝政、關白[32]大位，左右國政、權傾一時，因此這個時代又被稱作「攝關時代」。其中，藤原道長身為後一條、後朱雀、後冷泉三代天皇的外戚，位高權重，他的長子藤原賴通繼承其位，締造了攝關政治的全盛時期。

《教訓抄》成書於西元一二三三年（天福一年），書中提及藤原賴通在自己的別墅宇治平等院，舉辦過一個稱作「一切經會」的佛教活動。雅樂[33]的某個流派當時曾在會上表演舞蹈，有個名叫峯丸的未成年美少年，「其體殊美也」，藤原賴通見到他的舞後，受他的美貌吸引，「次日召之，御

【32】兩者皆為代替天皇執政之職，天皇成年前稱攝政，成年後稱關白。

【33】由中國傳至日本的宮廷、祭祀音樂，樂器演奏的同時，多伴隨歌舞。

覽貴德[34]」。

閱讀這份文獻只能知道藤原賴通喜歡美少年，因此讓我們來看看另一份文獻。說話集[35]《古事談》成書於西元一二一〇年代，書中有下面這段敘述：

長季為宇治殿若氣也，至大童仍不加著服……久未參時，甚怨之。

文中的「長季」為源長季，「宇治殿」為藤原賴通，而「若氣」意指男色對象。源長季是個朝廷官員，他的曾祖父是在「安和之變」[36]中失勢的源高明。源長季生卒年不詳，也沒有詳細的生平記載，我們只知道他是藤原氏的家司，也就是藤原賴通的家臣。

源長季身分不高，但他和藤原賴通的關係，在他們死後一百多年仍受人討論，可見兩人之間很可能真的有男色關係。

另外，藤原實資的日記《小右記》中，有著如下敘述：「今晚夢想，關白與下官於清涼殿東廂，共脫烏帽，懷抱而寢，余玉莖如木。」藤原賴通當時擔任關白，而藤原實資是他底下的右大臣。實資見到賴通和下級官員相擁的情景，晚上便做了春夢[37]。這一年是西元一〇二九年（長元二年），藤原賴通三十八歲。由此可推測藤原賴通確有男色嗜好。

【34】雅樂舞曲名，舞者頭戴面具、手持長矛的一人武舞。

【35】「說話」指民間流傳的故事，包含神話、傳說等，一般相對於創作出的作品而言。

【36】平安時代安和二年，藤原氏打壓其他氏族的事件。

【37】此處應為原文作者筆誤，「下官」指的應是藤原實資自己，而非下級官員，因此該段意即藤原實資（當時七十三歲）夢見自己和藤原賴通相擁而眠，產生了生理反應。

備受法皇疼愛的貴族子弟

○●白河法皇寵愛比自己小十八歲的名門公子

江戸時代初期，西元一六九七年（元祿十年）左右完成的《鹽尻》一書中，有下列這段文字：「此語雖有不敬，然白河殿性好男色，嘗使年少稚兒治容如婦女，畫黛眉、染黑齒、施脂粉，隨侍在側……」意味著白河法皇（天皇退位後稱上皇，上皇出家後稱法皇）喜愛男色，曾讓年少的稚兒打扮成女性服侍自己。

平安時代末期，由藤原氏主導的攝關政治日漸沒落，皇室的勢力再度興起，此時即位的人正是白河天皇。原本在政壇呼風喚雨的藤原攝關家沒落後，白河天皇也得以親自執政，不必顧慮外戚，因此這位天皇在日本歷史上相當重要。白河天皇的在位期間只有十四年，並不算長，然而他退位之後以上皇的身分實施「院政」[38]，持續了四十多年，穩坐權力大位。白河法皇權傾天下，他和其他位高權重的男性一樣妻妾成群，《鹽尻》中的文字真的可信嗎？

另一部名為《今鏡》的史書（成書於西元一一七〇年左右），記載了西元一〇二五～一一七〇年（萬壽二年～嘉應二年）的歷史，書中有下面這段文字：

> 大納言宗通民部卿，大宮殿之子，尤受榮寵，子孫亦廣受庇蔭。其為白河院御寵也。

整段意為：「曾任民部卿的藤原宗通，是大宮殿（藤原俊家）的兒子，他備受寵愛，因而享盡榮華，他的子孫也受到庇蔭。他是白河法皇寵愛之人。」從中可以看出白河法皇極為寵愛藤原宗通。

白河法皇從藤原宗通小時候起就相當疼愛他。根據日本早期的系譜圖《尊卑分脈》一書，藤原宗通是由白河法皇養育成人，就連他的幼名「阿古丸」也是白河法皇取的。

白河法皇對藤原宗通的寵愛，至他長大後仍沒有改變。藤原宗通後來成

【38】上皇又稱「院」，因此上皇代替天皇執政稱作「院政」。

為法皇親信，握有大權。白河法皇生於西元一〇五三年（天喜一年），藤原宗通生於一〇七一年（延久三年），兩人相差十八歲。

○●受白河法皇寵愛的兄弟檔

白河法皇寵愛的不僅是藤原宗通，還有他的兩個兒子。首先是他的長子藤原信通，《今鏡》中有如下敘述：

信通宰相中將為笛之能手，受御榮寵。白河院命殿上人著武者裝束，以供御覽。其著滋目結水干，背胡籙，品優過人。人皆云他均似從，唯此君似主……

前段文字的大意是：「信通宰相中將擅長吹笛，是白河法皇寵愛的人。白河法皇要求包含信通在內的貴族，穿著武士的裝束以供觀覽。信通穿著滋目結的水干，揹著胡籙，樣貌特別出色。大家都說其他人看起來像隨從，只有信通一人像主人。」滋目結是一種名為總鹿子的紮染方法，在當時是奢侈品的代名詞。水干是平安時代的裝束，胡簶則為箭筒之意。藤原信通雖是貴族，但他穿上武士的衣服，看起來就像勇猛的武士，同時又是個俊美的男子。藤原信通生於西元一〇九一年（寬治五年），和白河法皇相差三十八歲。

另外，成書於鎌倉初期的說話集《古事談》，則說藤原信通是鳥羽法皇寵愛的人。鳥羽法皇是白河法皇的孫子，生於西元一一〇三年（康和五年），比藤原信通小十二歲。而藤原賴長的日記《台記》中，談到鳥羽法皇時也說「法皇為人好美人」。「美人」指的是美麗的男性，也就是說鳥羽法皇也喜歡美男子。

藤原信通的弟弟藤原成通，也是白河法皇的一名寵童。《今鏡》中有如下敘述：「白河院有寵愛者，殿上人中唯此人受允御色。」其中「唯此人受允御色」一語，意為藤原成通被允許穿著御用顏色的服裝，可見他深受白河法皇的寵愛。藤原成通擅長蹴鞠和創作今樣[39]，在當時非常有名，他的蹴鞠技巧高明，留下許多相關傳說，被人尊稱為「蹴聖」。

藤原成通自己也相當喜愛美少年。《今鏡》中記載：「其初為人婿之時，取家中櫛子，與所寵之咒師童。」意即藤原成通結婚之後拜訪妻子娘家時，將該處的佛櫃送給了自己寵愛的咒師[40]童子。

【39】平安時代中期至鎌倉時代的流行歌謠。

【40】法會時詠唱咒文的僧侶，或法會後演出咒文內容的表演者。

藤原宗通的兒子個個都是美男，他的五子重通年輕時也是個美少年。疼愛藤原重通的人並非白河法皇，而是藤原忠通。藤原忠通是藤原攝關家的當家之主，受白河法皇信賴，位高權重，且於鳥羽、崇德、近衛、後白河四任天皇共三十七年間身居攝關地位，可說是攝關政治崩解後藤原氏的代表人物。然而攝關家後來發生繼承問題，藤原忠通對此束手無策，這件事成為平清盛與後白河法皇對立的一項原因，最終導致武士時代提前到來。

藤原攝關家精英的禁忌之戀

○●露骨至極的男色日記

藤原賴長是平安時代末期的公卿，他的父親藤原忠實曾任關白大位，因此他可謂名門中的名門。藤原賴長備受父親疼愛，雖是次子卻繼承了藤原一家，然而他與後白河天皇以及天皇的親信信西為敵，最終在「保元之亂」[41]中戰死。

藤原賴長和七名貴族男性有過男色關係。根據記載當時歷史的《今鏡》一書，藤原賴長容貌俊美、極具才能，也就是說他是個才貌雙全的美男子。

當時的貴族有個不成文的規定，他們會留下日記以供子孫參考，尤其是藤原氏嫡系家族，成為一家之主的人必得接收歷代祖先的日記。藤原賴長當然也寫過日記，他的日記名為《台記》，流傳至今。

【41】平安時代末期保元元年，後白河天皇（及其支持者）與崇德上皇（及其支持者）之間的戰爭，勝利者為後白河天皇。雙方皆借重武士力量，促使武士進入政界。

然而這本《台記》的內容十分特殊。一般的日記大多記錄宮廷儀式、節慶禮儀，以及貴族應有的言行舉止等對子孫有益的知識。《台記》中當然也有這些記述，但這部日記的過人之處，在於裡面記載了藤原賴長的私事，而且其中還包含床笫之事。

例如西元一一四八年（久安四年）正月五日的日記，就可以見到下列內容：

今夜入義賢於臥內，及無禮有景味（不快後初有此事）。

「臥內」意為被褥之中，藤原賴長要一個名為義賢的人，進到他的被褥中陪睡。而「景味」代表強烈的快感。也就是說，賴長當晚和義賢睡在同一張床上，義賢的舉動雖然無禮，卻令賴長嘗到了強烈的快感。而且藤原賴長還在文中插入註解（前引文括號處），他說自己雖覺不悅，卻是第一次體驗到這種快感。我們無法得知「無禮」一詞，具體而言到底是怎樣的行為，但從「嘗到未曾體驗過的快感」來看，不難想像兩人在被褥中做了什麼事。當時藤原賴長二十八歲，義賢年齡不詳，有一說是二十二歲，可以確定他比藤原賴長年輕。

順帶一提，文中提到的義賢，全名是源義賢。他父親是統領源氏的源為義。源義賢是源為義心愛的次子，也是源義仲（木曾義仲）的父親，他的姪子正是建立鎌倉幕府的源賴朝，而他本人也是個武將。當時，源為義失去鳥羽法皇的信賴，意圖接近藤原賴長挽回頹勢。

○●藤原賴長日記中的「俱漏精」意指為何？

接下來請看西元一一五二年（仁平二年）八月二十四日的日記。當年藤原賴長三十二歲，正要步入中年——

亥刻許讚丸來，氣味甚切，遂俱漏精，稀有事也。此人常有此事，感慨尤深。

當晚十點左右，有個名叫讚丸的人來找賴長。賴長認為讚丸對自己死心塌地。接著兩人便一同「漏精」，也就是說賴長和讚丸都射精了，至於兩人做了什麼，請各位自行想像。藤原賴長說，這是很少見的事情，但他和讚丸做的時候他們都會一同射精，令他深感欣喜。由此可見，藤原賴長應該相當喜歡讚丸。

讚丸的本名是藤原成親，他與平清盛為敵，參與鹿谷陰謀[42]，最終遭到殺害。他和藤原賴長同姓，兩人的祖先雖是兄弟，但那已經是兩百多年前的事情，因此讚丸和賴長幾乎沒有血緣關係。兩人發生關係時，讚丸年僅十四歲。讚丸長大後仍是個美男子，根據史論《愚管抄》一書，他後來成為了後白河法皇的「男ノオボエ」（男寵）。

此外，藤原賴長和讚丸的哥哥藤原隆季也有男色關係。西元一一四六年（久安二年）五月三日，藤原賴長二十六歲時，和藤原隆季發生了關係——

子刻與或人讚會合，於華山有此事，遂了本意。

「或人讚」即藤原隆季。整句意為：「當晚十一點左右，我見到隆季，終於和他發生了關係。」當年藤原隆季十九歲。

實際上賴長從四年前起，就經常寫情書給隆季，甚至請陰陽師向神祈禱這份戀情能修成正果。賴長的單相思，在經過四年的努力之後總算開花結果。不過，由「於華山（花山）」一語可知，當晚除了他們兩人之外，花山院忠雅（藤原忠雅，參見五十七頁）也在場。

隆季和成親的父親藤原家成，是藤原賴長的政敵。因此，有學者認為藤原賴長和兩兄弟發生關係，應該是有政治上的考量。隆季和成親本人或許也這麼認為。畢竟藤原賴長是藤原氏的當家之主，還身居「從一位左大臣」的高位。

然而，藤原賴長四年來付出的努力令人動容，而且和成親同寢時所寫的日記毫無造作之感，就這兩點看來，藤原賴長應該是真心喜歡他們，而非另有打算，不知事實究竟為何呢？

【42】平安時代，藤原成親等後白河法皇的近臣，密謀打倒平氏的計畫，因受人告密而失敗。

與藤原賴長交好的貴公子們

○●三十五歲的壯年貴族也和賴長有「關係」

前篇介紹的藤原賴長，還有其他的男色對象。《台記》在西元一一四七年（久安三年）正月十六日，有下面這段記述：

> 夜半，為來有，彼朝臣漏精，足動感情。先先常有如此之事，於此道不恥於往古之人也。

「足動感情」意為「足以撼動感情」，「於此道不恥於往古之人也」意為「在這件事情上，不比過往的人差」。

也就是說，當晚有個名叫「為朝臣」的人來訪，為朝臣「漏精」令賴長深受感動。前篇已經說明過「漏精」即為射精之意，因此可以得知兩人之間確有肉體關係，而且藤原賴長還稱讚為朝臣，說他總是有這樣的反應，在這件事上不會輸給任何人。

為朝臣的本名是藤原為通，他是當時的公卿，後來晉升至參議，較藤原賴長年長八歲。西元一一四七年（久安三年）時，藤原賴長二十七歲，藤原為通三十五歲，兩人皆是壯年男子。說到男色，一般人最常想到少年愛，例如僧侶和稚兒，或是戰國武將和小姓，但是當然也有壯年情侶。

賴長和為通至少從五年前起就一直維持這種關係，看來他們的契合度應該滿高的。

○●賴長為何寫下「不敵」二字？

接下來要介紹的是一位名叫藤原忠雅的公卿，他是藤原忠宗的兒子，不過他父親在他九歲的時候就過世，因此他是由舅舅藤原家成扶養長大。而藤原家成，正是前篇提到的藤原成親的父親（參見五十四頁）。

《台記》在西元一一四二年（康治一年）七月五日有如下敘述：

會交或三品，件三品兼衛府，年來本意遂了。

這段文字意為：「我和某三品見面交合，達成了多年來的心願。」也就是說，賴長這天得以一償宿願，和某位三品官員有了肉體關係。這名三品官員應該就是藤原忠雅。當時藤原賴長二十二歲，而藤原忠雅十八歲。

兩人的關係還可在另一則日記中見到。同年十一月二十三日的日記中，有下面這段文字：

謁或人，彼三位衛府，遂本意，可喜可喜。不知所為，更闌歸宅，與或四品羽林交會。

這段文字意為：「我和某三位衛府見面後達成心願，值得慶賀、值得慶賀。我高興得不知所措，更闌回家後，又和某四品羽林見面交合。」其中的「更闌」為深夜之意。三位衛府即藤原忠雅，由此可見，賴長對於能和忠雅發生肉體關係一事感到非常開心。而且賴長當天，還和另一名「四品羽林」公家見面交合。

此外，西元一一四四年（天養一年）十一月二十三日的日記中，還可見到下列文字：

深更向或所三，彼人始犯余，不敵不敵。

這天晚上，賴長前往某處。「三」指的是「三品」或「三位衛府」之意，因此可以知道他是去見藤原忠雅。

接下來的狀況卻是「那個人第一次侵犯了我」。可見賴長原來一直是「攻方」，當天卻第一次成了「受方」。年紀較小的忠雅，推倒了比自己年長、地位也比自己高的賴長，令賴長不禁寫下「不敵」二字。

而後，西元一一四七年（久安三年）十二月二十六日，可以見到「今夜宰來」的記述，這個「宰」指的應該也是藤原忠雅。這樣的關係一共持續了五年，賴長偶爾還會請忠雅幫他介紹男色對象，兩人的感情十分和睦。

除此之外，藤原賴長還有個名叫源成雅的男色對象。源成雅是一名公家，賴長的父親藤原忠實相當寵愛他。西元一一五〇年（久安六年）八月十五日，賴長的日記中寫著「是夜，初通成雅朝臣」，意為「這天晚上，我第一次和成雅結合」，可見兩人確有肉體關係。

藤原賴長雖在日記裡赤裸裸地寫下自己的男色經歷，但他仍有妻妾，並非只愛男性。賴長的正室名叫幸子，她較賴長年長八歲，是內大臣德大寺實能的女兒。兩人雖然沒有子女（但賴長和側室育有四名子女），不過他們曾一起外出旅行，夫妻關係並不差。幸子四十四歲過世時，賴長無視慣例，不乘轎而以徒步送葬，此舉雖受人批評，但也可以看出他們感情深厚。

日本男色起源於弘法大師空海？

○●僧侶稚兒性事記載漸增

空海（弘法大師）將密宗自中國傳至日本，開創了日本特有的真言宗。相傳空海同時也將男色文化帶回日本，時至今日仍有這種傳聞，而且很多人對此深信不疑。空海回到日本的時間是西元八〇五年（延曆二十四年），而朝廷賜予他「高野山」修行道場的時間，則是西元八一六年（弘仁七年）。

這則傳聞在江戶時代廣為流傳，當時有許多浮世草子，都將空海當作日本男色文化的濫觴。

例如井原西鶴在《男色大鑑》中提到：「此道（眾道）淵源匪淺，遍由弘法大師散布……」；貝原好古（江戶時代本草[43]學者兼《養生訓》的作者，貝原益軒的養子）也在《大和事始》中提到「我朝愛好男色之事，傳為

【43】古代將動植物、礦物等作為藥用的研究，因其中又以草類居多，故稱作「本草」。本草學於奈良時代透過遣唐使傳入，曾在日本風行一時。（編註）

空海法師渡唐以來者也」；另外，成書於江戶時代初期的《醒睡笑》提及眾道時也說：「此道為高野弘法大師，道貌岸然立此御影堂之和尚，由唐輾轉傳入。」這本書收錄了室町時代末期以來的民間笑話，可見空海的男色傳聞，至少在安土桃山時代[44]就已經流傳開來。

然而，這則傳聞有個根本性的錯誤。男男相愛是自然產生的情感，並非由某處傳入後才發展出的文化。有些人生來就愛同性，古今中外皆是如此。因此，日本當然自古以來就有男性相愛的事例，亦有現代所稱的雙性戀者（例如五十一頁介紹的藤原賴長）。也就是說，日本自神代時代以來便有男色傳統。

空海雖然不是日本男色文化的起源，但日本寺院的僧侶稚兒文化，卻有可能源於空海，因為僧侶和稚兒之間和性有關的記述，自空海的時代之後才開始增加。

佛教原本規定僧侶不得親近女色。西元一八七二年（明治五年），明治政府正式開放淨土真宗等教派的僧侶和女性結婚。在這之前，日本僧侶長期偏好男色。因此在空海以前的時代，即使有僧侶認為「女性不行就找男性」也不奇怪。

【44】室町時代後，江戶時代前，西元一五七三年至一六〇三年。

打破佛寺禁男色的戒律

○●佛教明文禁止男男口淫

奈良時代僧侶熟讀的佛經之中，有一部名為《四分律》的經典，裡面記載了僧侶各種破戒行為。有條戒律稱作「婬戒」，禁止僧侶和人發生性行為。婬戒中有如下文字：

> 時有比丘男根起，異比丘即持自內口中，此比丘不以為樂，即却不受，生疑：「我將無犯波羅夷耶？」佛言：「汝不犯，彼比丘犯。」

比丘即男性僧侶，波羅夷為僧侶禁止觸犯的戒律。有一名僧侶將另一名僧侶勃起的性器含至口中，被含的僧侶感到不快並要他立刻停止。根據佛的裁量，口淫的僧侶有罪，而遭到口淫者無罪。

時有乞食比丘，晨朝著衣持鉢至白衣家，白衣家有小兒眠，男根起。比丘即持自內口中已，疑：「我將無犯波羅夷耶？」佛言：「犯。」

乞食比丘即托鉢僧侶，晨朝為清晨，白衣家為世俗人家。有一名托鉢僧侶見民家小孩勃起，便將對方性器含至口中，他問佛自己是否有罪，當然有罪。《四分律》是中國傳至日本的經典[45]，不過日本過去可能也發生過這種事情。

時有惡比丘、惡沙彌、惡阿蘭若，於眠比丘大便道口中行婬，彼眠不覺，覺已知受樂還出，疑，佛言：「汝受樂不？」答言：「受。」佛言：「二俱犯。」

比丘、沙彌、阿蘭若皆為修行僧，階級較僧侶低，而大便道則為肛門之意。有三名修行僧侵犯了熟睡中的僧侶，僧侶清醒後卻覺得愉悅，佛判定他們「全都有罪」。

《四分律》不只禁止男男性行為，所有的性行為皆屬破戒。不過，戒律中既然特意提及男性間的性行為，代表當時就已經有人做過這樣的舉動。

【45】《四分律》原為印度戒律，姚秦時由佛陀耶舍和竺佛念等人譯成中文。

佛寺即為男色文化發祥地

○●位階最高之僧侶與田樂[46]舞少年的秘密

平安時代的男色記載大多和佛教有關。佛教雖然男、女色皆禁，但遠離女色的傾向更強，或許正因如此，久而久之便發展出佛寺男色文化。其中最流行的，莫過於僧侶和稚兒之間的關係。稚兒指的是尚未剃髮的少年修行僧，負責照料僧侶的生活起居，其中便有人成了僧侶的男色對象。

成書於西元十三世紀前半的《宇治拾遺物語》中，記載了一位平安時代末期的天台宗僧侶增譽的逸事。增譽是正二位大納言藤原經輔之子，他創立了京都的聖護院，受白河法皇庇護而發跡，最後甚至受封僧侶最高位階「大僧正」。

《宇治拾遺物語》收錄了增譽和咒師小院的故事。小院是田樂舞的少年舞者，他在一場插秧慶典時被增譽看上。增譽愛小院愛過了頭，竟對他說：「願君為法師，夜晝不離伴吾身側。」（我要你成為法師，日夜陪在我身邊）並強迫小院剃髮為僧。某天，增譽要小院再度穿上田樂舞的服裝表演舞蹈，小院照做後，增譽哭著說：「我當初為什麼要逼你出家呢？」隨後——

使脫裝束，俱入障子之內，其後之事無人知曉。

故事便到此結束。障子之內即寢室。整段文字意為：「增譽使小院脫下衣裝後，將他帶進寢室，後來發生什麼事沒有人知道。」文中對增譽和小院所做的事寫得相當含糊，但還是可以看出作者認定兩人有男色關係。

在這則故事當中，小院已剃髮為僧，嚴格來說並不算稚兒，但仍可以讓我們一窺當時佛寺中僧侶和少年之間的關係。

○●僧侶與稚兒的戀歌

平安時代編纂的和歌集，也收錄了一些提及僧侶稚兒關係的和歌。例如

【46】源自平安時代，配合農事所做的歌舞表演。

延曆寺僧侶、源滿仲之子源賢所著的歌集《源賢法眼集》中，可以見到下面兩首和歌：

童為法師之夜

君解烏長髮，夜夜伴吾側，

即待伸手觸，已不似前人。

（わらはの法師になる夜

振りかけしねくたれ髪を　かきさぐり人たがへたる心地もやせん）

長年侍側童上京之時

冬日降白雪，皚皚積山間，

何者以為藉，待君歸來時。

（としごろもろともにあるわらはの京にのぼるに

なにをかも慰にせん　冬山のふりつむ雪のとくるまにまに）

第一首和歌，寫於源賢心愛的稚兒削髮為僧的夜晚，意為「我想觸摸你睡亂的頭髮，摸起來卻可能像是另一個人」。歌中既提到睡亂的頭髮，代表源賢和稚兒睡在一起，甚至可能夜夜撫摸稚兒的頭髮。

第二首意為「冬山等待積雪融化時，該以什麼慰藉寂寞的心呢」。長年陪伴在源賢身邊的稚兒前往京都，源賢因寂寞而作了這首和歌，從中也可看出源賢對那名稚兒的眷戀。

下面三首和歌，出自敕撰[47]和歌集《後拾遺和歌集》，該和歌集成書於西元一〇八六年（應德三年）。

心懷待君意，累月復經年，
玉緒衰欲斷，寥落度殘生。——律師[48]慶意
（たのめしを待つに日ごろの　過ぎぬれば玉の緒よわみ絶えぬべき哉）

行至逢坂關，人影不得見，
問君因何故，清水日混濁。——僧都遍救
（逢坂の関の清水や　濁るらん入りにし人の影見えぬは）

【47】由帝王下令編纂的書籍，相對於私撰而言。
【48】日本僧侶階級中僅次於僧正、僧都的位階。

形貌猶如昔，卻似見外人，

雖懷幽怨恨，永無忘君期。——前律師慶暹

（よそひとになりはてぬとや　思ふらんうらむるからに忘れやはする）

三首和歌的詞書都提到吟詠對象是稚兒，而且和歌本身都被歸類在「戀部」當中，可見描述的確是僧侶和稚兒的戀情無誤。

第一首意為「我相信著你不停等待，卻已過去許多時日，玉緒[49]日漸衰弱，幾近斷絕」。歌中用「玉緒」來比喻「生命」，慶意感嘆自己久未見到心愛的稚兒，寂寞得幾乎要死去。

第二首是遍救思念前往三井寺的稚兒所詠的和歌，意為「那人去了三井寺，我見不到他的影子，是不是因為逢坂關的清水變混濁的緣故呢」。稚兒去了三井寺後音信全無，遍救擔心稚兒已經變心。遍救是延曆寺的僧侶，當時三井寺和延曆寺處於敵對關係，心心念念的稚兒未曾聯絡遍救，他的難過之情在和歌中表露無遺。

第三首意為「你好像變了一個人，我恨你，但我沒有忘記你」。由和歌詞書可知，慶暹因稚兒變心而心懷怨恨，不願意聯絡對方，然而後來慶暹對稚兒的感情死灰復燃，覺得就此斷絕關係太過可惜，因而詠了這首和歌，想要藉此和對方復合。恨他卻忘不了他，和歌中滿是傷心。

《後拾遺和歌集》雖是第四部敕撰和歌集，卻首度刊載了直接吟詠男色的和歌。皇室下令編纂的和歌集竟收錄男色和歌，可見男色不僅是僧侶世界中的普遍行為，就連宮廷也允許男色文化的存在。

○●高僧筆下的好男色者地獄

前面介紹的《四分律》禁止僧侶性交，即使如此僧侶仍沉迷男色。不過，並非所有僧侶都接受這股男色風潮。有個高僧對寺院的男色行為提出了諫言，這個人名叫源信，他出身自發揚淨土信仰的延曆寺，藤原道長等當時的高階貴族相當尊崇他。源信的著作《往生要集》提到，行男色之人，死後必將墮入地獄。書中描述了八種地獄，男色罪人所屬的是「眾合地獄」。眾合地獄共有十六處，男色者墮入的地獄為以下兩處：

謂有一處，名惡見處。取他兒子，強逼邪行，令號哭者，墮此

【49】穿過玉佩的細線。

受苦。

第一處關的是強奪他人兒子，逼迫對方和自己性交的人。這層地獄雖有女性，但侵犯男童的男性當然也會墮入此處。

又有別所，名多苦惱處。謂男於男行邪行者，墮此受苦。

另一處男色者的地獄名為「多苦惱處」。在這層地獄，「罪人會見到自己生前所愛的男子。男子周身都是熊熊烈火，走過來抱住罪人，罪人的身體因而四分五裂，一次次死而復生。罪人驚恐至極，轉身逃跑，從險峻的懸崖落下。口中噴著火焰的鳥和狐狸，便會前來啃食罪人」。

然而，即使源信百般恐嚇，依然無法遏止佛寺內的男色行為。僧侶和稚兒的關係反而日益盛行，甚至成為佛寺的代表文化。

佛寺處心積慮為男色想出正當理由

○●將稚兒神格化以規避戒律

男色既被禁止，佛寺必得想出一些正當理由，才能繼續從事男色行為。也就是說，僧侶若想從事這種牴觸教義的行為，就需要一些堂而皇之的說法，來說服自己和他人。

此時佛寺僧侶所想出的對策，便是將稚兒神格化。佛教界本來就有將少年視為神佛化身的傾向，例如天台宗的開山始祖最澄，第一次登上神聖的比叡山時，便遇見了由佛化身而成的少年。

佛寺便想出名為「兒灌頂」（又名稚兒灌頂）的儀式，藉此正當化僧侶和稚兒間的肉體關係。所謂兒灌頂，是一種讓普通男孩升格為「稚兒」的儀式，儀式結束後，稚兒不論男女都會成為「佛的化身」。稚兒以自身肛門接受僧侶性器，即可以為僧侶帶來救贖，肛交自此被視為慈悲的行為。

此後佛寺內的男色行為便有了正當的理由，使僧侶得以規避原有戒律。

興福寺的別院「菩提院」中，有一尊名為「稚兒觀音」的佛像。繪卷《稚兒觀音緣起》，描繪了這尊觀音像的由來——

根據這部繪卷，有一名六十歲的高僧，某天遇見了一名十三、四歲的美少年，少年「寂鳴漢竹橫笛，以竹為簪，繫元結而垂髮於背」。高僧對少年一見鍾情，便將他帶回寺院，對他寵愛有加。三年後，少年生了重病，在性命垂危之時，對高僧說道：「此三年間，於慈悲室內度日，忍辱衾下度夜，朝夕受悲訓之事，幾生難忘……」文中的「衾」字為被褥之意，由此可以一窺高僧和少年的關係。少年死後，化作金色的十一面觀音，觀音說了下面這段話：

> 念汝多年懇切朝拜，現三十三應中童男之形，與汝結二世契。

文中讓觀音說出「結契」（交合）一語，正當化僧侶和稚兒間的性關係。

稚兒和僧侶的關係並非不能說的秘密

○●《古今著聞集》中的露骨描寫

《古今著聞集》成書於鎌倉時代中期，書中收錄平安時代中期至鎌倉時代初期的故事，這些故事均是基於事實寫成，作者是鎌倉時代的低階貴族橘成季。其中有一則故事，描述了覺性法親王和稚兒的關係。覺性法親王是鳥羽天皇的兒子、後白河法皇的親弟弟，同時也是仁和寺的高僧。《平家物語》也曾提到覺性法親王，他在當時可說是既有名氣又有權勢的僧侶。

覺性法親王寵愛一名「貌美性善」的稚兒千手，但他後來又愛上另一名稚兒參河，千手認為自己已經失去法親王的愛，便離開了寺院。某天，法親王參加一場宴席，有人提議讓千手表演吹笛、詠唱今樣（平安末期的歌謠），便派人去找千手。千手起初拒絕，但使者還是再三前來，他不得已只好出席。

千手在宴席上唱了首歌，歌中提到：「過去無數諸佛，遭棄時何以耐之……」帶有埋怨法親王拋棄自己之意。在場的人聽見千手的心聲後無不落淚，法親王本人也不禁——

抱千手入御寢所。

意即法親王抱起千手，進了臥房。

兩人當然不只是進房間而已。這則故事收錄在《古今著聞集》第八卷的「好色部」中，可見他們後來必定發生了關係。而且在場的人「滿座誹然」，亦即法親王和千手在眾目睽睽下進了房間。當時的法親王年約二十二至二十六歲。

另一名守覺法親王也在這則故事中登場。由此判斷，這件事很可能發生於西元一一五一～一一五五年（仁平一年～久壽二年）之間，而僧侶和稚兒的男色關係，在當時已經不是一個不能說的秘密。

追隨情人出家的貴公子

○●為見心儀對象勤奮上朝

成書於鎌倉時代中期的《十訓抄》，收錄了平安時代為主的故事。其中有一則故事，描述藤原成賴和藤原忠親這兩名公家的關係，帶有些許男色氣息。藤原成賴生於西元一一三六年（保延二年），藤原忠親生於西元一一三一年（天承一年），較藤原成賴年長五歲。

兩人雖為貴族，然而當時平氏逐漸得勢，可說是由貴族時代轉變為武家時代的過渡時期。平氏自西元一一五九年（平治一年）的平治之亂中崛起，當時藤原成賴在宮中擔任藏人（待在天皇身邊處理訴訟的職位），他協助後白河上皇逃脫，對平清盛的勝利有所貢獻。成賴隨後升至參議（僅次於大臣、納言的重要職位），他也是《平家物語》中的重要角色，可說是當時相當引人注目的公卿。

另一方面，藤原忠親是位知識分子，熟悉「有職故實」（朝廷禮儀）。他因親近平氏的緣故，在平氏敗逃後失勢，後來受源賴朝認可，最終升至比藤原成賴更高的職位，正二位內大臣。順帶一提，五十七頁藤原賴長的男色對象藤原忠雅，即為藤原忠親的哥哥。

《十訓抄》中提及兩人時有如下敘述：

> 中山大臣與宰相成賴結契，常同出仕。

「中山大臣」即藤原忠親，整段文字意為兩人感情和睦，經常一起上朝。然而，成賴後來卻突然出家，隱居高野山。忠親便依照成賴舊家的格局，在高野山的山腳建了一棟房子，成賴為此大吃一驚。那間小屋「自疊緣至障子式樣，毫無二致」，和成賴舊家一模一樣。忠親最後追隨成賴出家，住進了小屋。

就《十訓抄》的記載，年長的忠親似乎相當迷戀成賴，除了上述文字外，還有如下敘述：

大臣言：「予為見宰相，愈加勤奮出仕。」

「見」在這裡是「與之相會」的意思。也就是說，忠親經常為了和成賴見面而上朝。

這則故事雖未直接說明兩人關係，卻用了「結契」一詞，可見兩人不只是普通朋友，還可能有深厚的情愛關係，令人嗅到他們之間的男色氣息。

宮廷中的男色醜聞

○●將童子帶入宮中的貴公子

有部名為《春記》的日記，記錄了平安時代中期的歷史，作者是當時的公卿藤原資房，寫作背景是由攝關政治轉為院政的過渡時期。據推估，藤原資房寫了將近三十年的日記，可惜現在僅存其中七年，大部分內容都已亡佚。

藤原資房是藤原基經（日本史上第一位關白，於四任天皇掌政期間，長期握有實權）的嫡系子孫，但藤原資房最高僅升至正三位參議，據說這是因為他與當時的關白藤原賴通不睦的緣故。

藤原資房的《春記》，在西元一〇三九年（長曆三年）十月二十九日的日記中，有下面這段有趣的記述：

少將近來愛乙犬丸，三井寺前大僧正御童子也。往返三井寺，其黨能長、經家、行經等，皆以萬物送彼童，少將請行經馬與彼童，太以不便事也。

文中的少將，指的是藤原資房的弟弟藤原資仲，資仲當時二十歲，任職從五位上少將。三井寺是和延曆寺齊名的天台宗名剎，資仲寵愛三井寺前大僧正的童子乙犬丸，經常和藤原能長、藤原經家、藤原行經等人，一同前往三井寺遊玩。

藤原能長是權大納言藤原賴宗之子，官至正二位內大臣，可謂一流公卿。他當時是個貴公子，年僅十八歲便已位居從四位。藤原經家當時二十一歲，位居從五位上，他的父親藤原定賴是三十六歌仙之一。經家和資仲各自的曾祖父是兄弟，兩人算是遠親，而且年紀相仿，因此感情應該不錯。藤原行經則是個二十八歲的中階貴族，位居從四位下右近衛中將，他父親是正二位權大納言藤原行成（以書道聞名，是日本書道「三蹟」的書法家之一）。

上述幾名貴公子「送了許多禮物給那名童子」，藤原資仲還「向行經要了馬匹送給那名童子」，藤原資房說弟弟這麼做是「不便事也」（不體面的事）。

同年十一月二十五日，藤原資房進宮時，後朱雀天皇向他說了一件令人意外的事：

> 五節間行經為其長，能長、經家、資仲等，相共迎取永園僧正僕童名乙丸，令入其員，五節所行經懷抱而臥，以此童令通嫁其所陪從並童女，又將渡義忠，五節所童女又令婚此乙丸已及一兩夜。

行經、能長、經家、資仲等人，在五節（宮中一項活動）期間將乙犬丸帶進宮廷，行經和乙犬丸發生了關係，還找來侍從和童女一起開雜交派對，持續了一、兩個晚上。天皇感嘆「此舉為公家之恥」，藤原資房聽完後戰戰兢兢地離開宮廷。

經常扮作女性的稚兒

○●男性化妝一點也不足為奇

以現代常識思考，會化妝的大多是女性。男性中當然也有人喜歡化妝，但日常生活仍然較為少見。另外，現代日本也要求男、女性穿著符合自身性別的服裝，因此從外表便可辨別每個人的性別。若有男性化妝或穿著女性服裝，便容易招致他人異樣的眼光。

然而，我們不能用這類想法或先入為主的觀念來看待日本歷史。例如振袖[50]現在只有年輕女性能穿，但自古一直到江戶時代，年輕男性也可穿著振袖。江戶時代的畫作中，即使有男性穿著振袖也不奇怪。

化妝一事也不能用現在的主流看法判斷，日本平安時代的男性平常也會

【50】袖襬較長的和服，過去元服前的男女皆可穿著，現為未婚女性正式服裝。

當時的稚兒留長髮、作女性打扮，乍看之下和女性沒有兩樣。

化妝。清少納言的隨筆集《枕草子》成書於十一世紀初期，書中即有下列的文字：

> 舍人顏肌亦現，誠黑而未施白粉處，如斑斑消殘雪跡，委實不雅。

清少納言感嘆舍人臉上有些地方未施脂粉，露出黑色的肌膚，就像未融淨的白雪似的，教人看了就難受。舍人是在貴族身邊做些雜事的人，清少納言因舍人未施脂粉而生氣，意味著當時即使是舍人等低階官員都必須化妝。

《枕草子》談的是貴族，並未提及平民是否也會化妝。時至平安時代末期，武家的少年和佛寺的稚兒也開始化妝。稚兒不僅化妝，還留起長髮，打扮和女性沒有兩樣。《平家物語》描寫平敦盛時也寫道「齡十五六之少年，施薄妝，染黑齒」；而平安時代末期有名的復仇故事《曾我物語》中，有段情節即為五郎丸[51]男扮女裝為父報仇，但他其實不是特意扮作女性，而是平常就穿著女性的服裝。

【51】《曾我物語》的主角是曾我十郎祐成、曾我五郎時致兩兄弟，曾我兄弟報完父仇後，曾我五郎潛入源賴朝寢所時，被男扮女裝的小舍人「五郎丸」擒獲。此處原文作者應是將曾我五郎和五郎丸誤認為同一個人而誤植。

後白河法皇所愛的關白

○●協助後白河法皇離開京都的男色對象

平安時代末期的後白河法皇，為維護皇室權威，與開創武家時代的平清盛、源賴朝等人抗衡。據說藤原信賴、藤原成親等知名歷史人物，都是他的男色對象，相傳「藤原信賴倚仗後白河上皇的寵愛，誘使源義朝發動平治之亂」、「後白河法皇向自己的親信藤原成親，下達了打倒平氏的密令，因而發生了鹿谷之變」，然而事實為何沒有人知道。

最令人驚訝的是，後白河法皇還有個名叫近衛基通的男色對象。

近衛基通[52]是藤原攝關家的嫡系子孫，年僅十歲即受封官階，仕途順遂，後來又獲得平清盛的支持，於十九歲時就任關白，可謂當時首屈一指的公卿。

近衛基通雖受平氏庇蔭，但各地陸續舉兵反抗平氏，使得平氏日漸失勢，近衛基通便轉而親近後白河法皇。西元一一八三年（壽永二年）七月，平氏戰敗並逃離京都，平氏本想帶著後白河法皇一同離開，然而法皇卻搶先離開京都。此時背叛平氏、將平氏企圖告知法皇的人，正是近衛基通。同年七月二十日，近衛基通透過法皇的後宮冷泉局，見到了法皇本人，但不知為何地點卻是在法皇的寢所。寢所意即法皇就寢之處。後白河法皇將近衛基通召至寢所，可見他對近衛基通寵愛有加。

另外，九條兼實的日記《玉葉》也提到法皇當晚「遂御本意」，可見法皇和近衛基通當晚發生了關係。而另一天近衛基通進宮時，又有「豔言御戲」等事，「御戲」即卿卿我我之意。九條兼實是近衛基通的叔叔，也是一名公卿。他在《玉葉》中還提到「法皇豔攝政，依其愛念」，暗示兩人的關係，文中的攝政即近衛基通。當時近衛基通二十三歲，後白河法皇五十六歲。

近衛基通以平氏為後盾登上攝政一位，後來又背叛平氏，獲得後白河法皇的支持，才得以在政界倖存。平氏是近衛基通妻子的娘家，他背叛平氏、討好法皇的行徑，自然有人看不順眼，九條兼實也在《玉葉》裡諷刺地說：「君臣合體之儀，以之可為至極」（這兩人的關係，就是所謂的君臣一體吧）。

【52】藤原氏分家後，基通的父親基實一家改姓近衛。

與後鳥羽上皇結合的貴公子

○●令上皇一見傾心的和歌才能

後鳥羽上皇是後白河法皇的孫子，西元一一八三年（壽永二年），他年僅三歲便登上天皇寶座，當時正是源平爭鬥的紛亂年代。平氏滅亡、鎌倉幕府建立後，後鳥羽天皇於西元一一九八年（建久九年）退位成為上皇，他握有實權並執掌院政，直到西元一二二一年（承久三年）才結束。

後鳥羽上皇有兩名男色對象：藤原秀能和源通光。

藤原秀能雖姓藤原，卻不是攝關家的氏族，而是藤原秀鄉（以平定平將門之亂[53]聞名）的子孫，出身武家。他原本侍奉的是後鳥羽上皇的親信源通親，西元一一九九年（正治一年）受上皇採用為北面武士，當時藤原秀能年僅十五歲，上皇十九歲，較他年長四歲。

所謂北面武士，即守衛在上皇身邊的武士，工作地點位於上皇居住的仙洞御所，亦即藤原秀能當時日夜侍奉後鳥羽上皇。

後鳥羽上皇看上的是藤原秀能的和歌才能。後鳥羽上皇經常舉行歌合[54]，藤原秀能深受上皇寵愛，每次都會參加，西元一二〇一年（建仁一年）更被提拔為和歌所寄人（和歌所職員）。

下面這首和歌，創作於西元一二一二年（建曆二年），藤原秀能二十八歲時。

幸逢御代時，近江見鏡山，

無有雲霧罩，清楚辨其人。

（逢ひがたき御代にあふみの鏡山

曇りなしとは人もみるらむ）

這首和歌意為「很少人有幸得見御代，我卻能見到，我是否能像鏡山（滋賀縣南部山名）般不帶一絲雲霧地看待他人」，「御代」原指天皇治理的時代，這裡指的是後鳥羽上皇本人，表現出藤原秀能得見天皇的喜悅。

【53】平將門為平安時代中期武將。因婚事和叔伯發生衝突，後庇護朝廷要犯，於西元九三九年起兵反叛，自立為「新皇」，一時震動京都朝廷。最後兵敗中箭身亡，史稱「平將門之亂」。（編註）

【54】日本古代的和歌競賽。將歌人分為左右兩組，出題使歌人吟詠，再評判和歌優劣。

順帶一提，藤原秀能該年受上皇指派，前往九州尋找壇之浦之戰[55]中沉入海底的三種神器，可見他深受上皇信賴。

上皇對他的寵愛歷久不變。西元一二二一年（承久三年）後鳥羽上皇發動承久之變，舉兵反抗鎌倉幕府，藤原秀能及其兄長秀康擔任上皇軍大將，一同參戰。然而後來上皇軍戰敗，上皇被流配至隱岐，藤原秀能則被流配至熊野。

藤原秀能於高野山出家後，仍不停思念後鳥羽上皇，吟詠和歌度過餘生。下面這首和歌，是他於西元一二三二年（貞永一年），思念被流配至隱岐的上皇時所創作的和歌：

雖未立命誓，此身得續存，
復來此石見，得見彼白島。
（いのちとは契らざりしを石見なる
おきのしらしま又見つるかな）

這首和歌意為「雖未約定活下來便要這麼做，我還是為了見到『おきのしらしま』，再次來到石見」，「おきのしらしま」指的很可能是後鳥羽上皇所在的隱岐島[56]。隱岐島屬於隱岐國而非石見國[57]，因此歌中的「おきのしらしま」也有可能指其他島嶼，然而就藤原秀能特意來到石見這點看來，這座島應該就是隱岐島。

秀能雖未和上皇約定活下來便要來拜見上皇，但他仍因思念而來到石見國，從海邊（也有可能是山上）眺望隱岐島。這首和歌可說是充滿了藤原秀能對上皇的思念之情。

順帶一提，兩人後來終於得以相見。後鳥羽上皇於西元一二三六年（嘉禎二年）舉辦遠島御歌合，藤原秀能也參加了這場歌合。另外，藤原秀能的兒子能茂跟隨上皇前往隱岐，侍奉在上皇身邊，直到西元一二三九年（延應一年）上皇駕崩為止。

○●後鳥羽上皇與乳母之子的關係

後鳥羽上皇另一名男色對象源通光，生於西元一一八七年（文治三年），比上皇小七歲。藤原秀能原來的主人源通親，正是源通光的父親。源通親對

【55】平安時代末期源平合戰的最終戰役。相傳平氏戰敗後，由平氏所立的安德天皇帶著三種神器之一的天叢雲劍葬身海底。

【56】「おきのしらしま」轉換成漢字極有可能是「隱岐の白島」。

【57】隱岐國、石見國均為日本律令制下的行政區劃，隱岐國現為島根縣隱岐郡（隱岐群島），石見國相當於島根縣西部，位於隱岐郡西南方。

當時的朝廷極具影響力，也對上皇院政的實施有所貢獻。而源通光的母親藤原範子是後鳥羽上皇的乳母，因此源通光自幼即侍奉在上皇身邊。

源通光除出身名門外，也深受後鳥羽上皇賞識，年僅十七歲便已升至從二位，仕途極為順遂。源通光也有創作和歌的才能，任職和歌所寄人，經常參加後鳥羽上皇的歌合。承久之亂後雖蟄居家中，仍和流配至隱岐的後鳥羽上皇保持聯繫。

西元一二三六年（嘉禎二年），源通光參加遠島御歌合，創作了下面這首和歌：

未知白樫路，君影入山林，
吾亦隨後至，彷若嶺松風。
（しらがしのしらぬ山路に入りぬとも
おくれじと思ふ嶺の松風）

意為「你走進未知山間的白樫[58]林裡，從此斷了音訊，我也要緊追你的腳步進入山裡，就像山嶺上的松風一般」。後鳥羽上皇在前往隱岐前出家，源通光贈予上皇這首和歌，表達自己想要隨上皇出家的意願。源通光最後雖然沒有真的出家，但由這首和歌可以見到他對上皇的深厚情感，甚至願意為了上皇捨棄官位、出家為僧。

【58】學名 *Quercus myrsinifolia*，中文名為小葉青岡。

專欄

繪卷中的情趣用品

男男性交時，若直接將陰莖插入肛門，不但無法順利進入，被插入方也會感到疼痛。因此必須事先塗抹潤滑油，使插入順利、減輕疼痛。

京都醍醐寺收藏了鎌倉時代末期的《稚兒草子》，其中有一幅畫描繪了男男性交前，將「丁子」（丁字）油塗抹在肛門的景象，畫旁寫著「以筆染滿丁子，捻入五寸許」，意即「以毛筆沾大量丁字油，擰入五寸（約十五公分）左右」，文中還說這是使僧侶陰莖更易插入的準備，可見當時已有以油類塗抹肛門的準備方式。根據三田村鳶魚的《江戶珍物》一書，時至江戶時代都還有人在使用丁字油。

江戶時代還有一種叫「通和散」的潤滑油。通和散以蛋白、葛粉、鹿角菜為原料，塗抹在紙上。使用時將紙咬過並潤溼後，即可塗在肛門。

另外，為緩解被插入方的疼痛，還可將山椒粉塗在肛門內側。這樣一來肛門內側便會有股痛癢感，需要東西撫慰。

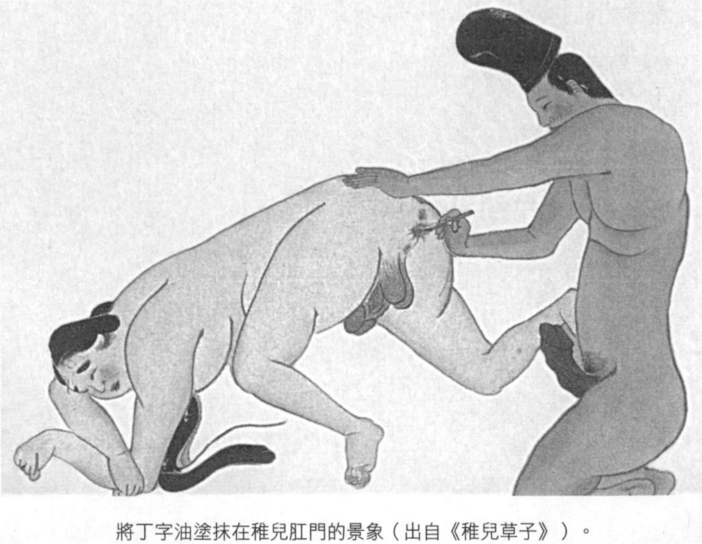

將丁字油塗抹在稚兒肛門的景象（出自《稚兒草子》）。

二

中世紀日本武家社會的男色文化

男色文化兩大勢力：僧侶與武士

○●因禁女色戒律發展出的僧侶稚兒愛

先前說明過，佛寺嚴禁女色，僧侶因而成為中世紀日本男色文化的主流。僧侶的男色對象除稚兒外，還有禪宗寺院裡的「喝食」——這類年少修行僧負責照料僧侶的飲食，和稚兒扮演同樣的角色。

一些貴族家裡也有稚兒。鎌倉時代的《春日權現驗記繪卷》描繪了春日大社主神春日權現的神蹟，這部繪卷於西元一三〇九年（延慶二年）由左大臣西園寺公衡發願請人繪製，目的在於祈求藤原一族的繁盛。其中就有貴族和稚兒同床共枕的情景，由此可見，當時僧侶、貴族和稚兒之間的關係（至少在貴族社會）可能已經人盡皆知，不須特意隱藏。

然而，不敵誘惑而和稚兒交合的「破戒僧」，也經常受到批評和勸戒，如七十一頁介紹的源信《往生要集》便是其中一例。這些反對聲音肯定令僧侶聽得相當厭煩。鎌倉時代僧侶修行時讀的《宋版大般若經》書頁角落，有一些用角筆寫成的文字，角筆多以象牙或竹子削成，不沾墨水，直接用筆尖在紙上壓出痕跡，為閱讀漢文經典時用以註記的文具。《宋版大般若經》中出現了「兒尻舐」、「兒尻せう」等字樣，意為「想舔稚兒的屁股」。由這些不沾墨水的筆跡，可以看出當時學僧搖擺不定的心緒。

此外，僧侶對稚兒的疼愛，也可從吉田兼好的《徒然草》中窺見。兼好法師寵愛的弟子命松丸也是一名稚兒。《徒然草》第五十四段中有下面這段敘述：

> 御室（仁和寺）有童子長得甚秀美，眾法師一心要邀他一同外出遊玩，便叫上寺中會弄絲竹的樂僧，又專門製作了精美的食盒……[1]

仁和寺有個漂亮的稚兒，各法師想盡辦法邀他一同出遊，手巧的法師也加入行列，做出精緻的便當盒……整段文字描述僧侶們，絞盡腦汁吸引稚兒

【1】原文為日文古文，此處引自文東譯《徒然草》（二〇一六年，時報文化，頁六九）。

的注意，最後依然失敗的滑稽模樣。

即使面對反對聲浪，僧侶對稚兒的疼愛仍未減退。室町時代某佛寺的式目（相當於法律）中寫道：「稚兒是延續法燈[2]的火種，也能撫慰冷然，對僧侶而言不可或缺。」文中的「冷然」意為獨眠時的寒冷。後面繼續寫道：「僧侶與稚兒若無同穴之昵，便無法達到厭離狀態。」而「同穴之昵」即同床共枕之意，多用於男女關係；「厭離」則為遠離俗世之意。可見僧侶和稚兒的關係具有宗教意義，而且受到佛寺認可。

「兒灌頂」也為稚兒愛提供了宗教上的意義。經過特別儀式後，稚兒便被視作菩薩的化身，僧侶和稚兒間的交合，也成為神聖的宗教行為。沉迷男色的僧侶，可說是為滿足私慾才會發明這項儀式，但另一方面，將男色對象限定為稚兒，也可使僧侶不再對未出家的一般少年出手，因而具有整頓佛寺風紀的效果。

另外，平安時代仁和寺的住持守覺法親王，曾在《右記》中以父子、君臣比擬僧侶和稚兒之間的關係，主張稚兒從屬於僧侶。然而，室町時代的僧正雲泉太極則在日記《碧山日錄》中，於西元一四五九年（長祿三年）正月十七日提到：「與年少美者結交，往往以詩通意，其言多似臣從其君。」他認為僧侶對待美麗稚兒的態度，就像臣子侍奉君王似的，令人不禁苦笑。

○●吸收僧侶貴族男色文化的新興掌權者——武士

鎌倉時代為武家社會，武士擊退貴族、掌握政治實權，原有的男色風俗保留了下來。武士也和貴族、僧侶一樣，常使漂亮的稚兒隨侍在自己身邊，這類侍奉武家的少年又稱作「垂髮」。

西元一二六一年（弘長一年），武家法律《御成敗式目》中新增了下列條目：「背禁戒，與俗人、童子相交」的僧侶，應被視作破戒僧逐出佛寺。然而位居上流階級的武士，在與貴族、僧侶交遊的過程中，卻也逐漸吸收了稚兒文化。

室町幕府第三代將軍足利義滿，以京都為據點統一了南北朝，他特別致力於學習公家和寺院的文化，其中也包含男色文化。男色文化和當時剛萌芽的武家文化融合，不僅影響室町幕府的繼任將軍，也影響了後世的戰國大名，最終形成武士特有且勢力龐大的男色文化——「眾道」。

【2】佛法如燈火般照亮世間黑暗，故稱佛法為法燈。

起誓禁絕男色卻破戒的僧侶

○●令人吃驚的禁絕男色誓言

鎌倉時代初期，東大寺有個僧侶名叫宗性，他的父親是中階貴族藤原隆兼。宗性於西元一二三七年（嘉禎三年）三十六歲時，寫下了五條起請文（相當於誓文）——

一、四十一歲後常於笠置寺閉關。

二、現已九十五人，不得逞慾侵犯男子百人以上。

三、除龜王丸外，不得再找其他愛童。

四、不得使上童宿於自房之中。

五、不得與上童、中童結為念者[3]。

宗性為求往生極樂世界，發誓一生遵守上述五條誓文。我們一看便能明白，第二條至第五條皆與男色有關，而第二條「我已和九十五名男子交合，之後不得超過一百名」更是令人驚訝不已。宗性當時不過一介平僧，卻已和九十五人發生過關係，若是位階更高的僧侶不知該有多少男色對象。

另外，鑽研佛學的僧侶，理應克制自己的色慾，宗性卻在第三條誓文中發誓只愛龜王丸一人，實在不可思議。順帶一提，宗性後來又多了個名叫力命丸的愛童，力命丸遭暴徒襲擊殺害，宗性悲傷不已，在日記中寫下「思念之情，片刻不曾停止」等文字。宗性不僅沒有擺脫現世煩惱，甚至毫不掩飾自己對愛童的思念，這時的他已經超過七十歲。就他年逾七十依然寵愛稚兒這點看來，第二條「不得逞慾侵犯男子百人以上」的誓文，應該也早已打破。

最重要的是，宗性是一名「持戒」僧侶，他寫下起請文，提醒自己應重視佛教戒律。然而，不論誓言多漂亮、志向多遠大，人終究是「知易行難」。就宗性的事蹟看來，他對自己破戒一事大概也不怎麼後悔吧。

我們關注宗性的理由，在於這名僧侶「太有人性」；但事實上他之所以受人注目，是由於他身為高僧，留下了許多史料的緣故。透過宗性的男色經歷，我們得以推測當時的僧侶生活大多如此。

【3】意為男色對象。念者（義兄）為男色關係中年長的一方，相對於若眾（義弟）而言。

男色普及，僧侶的破戒問題無法可管，法然（淨土宗之祖）、親鸞（淨土真宗之祖）等人為此擔憂不已。他們所採取的對策，並非要求僧侶「持戒」，而是轉念廢止僧侶無法遵守的戒律，提倡「無戒」，並將這種新佛教推廣至民間。試圖遵守戒律卻終究失敗的宗性，以結果而言，或許也算對鎌倉時代的佛教改革有所貢獻。

爭奪美少年的眾僧侶

○●真言宗、天台宗總寺的強搶稚兒事件

男色獲得佛教認可後，多數佛寺都有自己的稚兒，然而，強搶稚兒的問題也由此產生。史書《吾妻鏡》中，記載西元一一八一年（治承五年）正月發生的一起事件：

> 熊野山惡僧等，去五日以後亂入伊勢、志摩兩國，合戰度度……仍眾徒引退於二見浦，搦取下女（齡三四十者）並少童（十四五者）等，以上三十餘人令同船，指熊野浦解纜云云。

熊野本宮大社的僧眾，闖入伊勢國和志摩國參與戰爭，撤退時擄走了當地的下女和少年。這起事件發生於源平合戰之時，因此有人認為這只是戰爭時的特殊情況。

然而，藤原資房的日記《春記》中也有類似的記述。西元一〇四〇年（長久一年）六月六日的日記如下：

> 年來服侍予之小舍人童觀壽丸（年及七、八），自四月晦頃不見其來。尋其由緒，為天台濫僧誘引，往返山上云云。

有個名叫觀壽丸的少年在藤原資房家擔任舍人，他從四月起就不見蹤影，藤原資房問起背後緣由，發現他遭天台宗（即延曆寺）的僧侶誘拐，再三前往比叡山，後來延曆寺僧侶還不願放觀壽丸回家。

藤原資房派遣使者至比叡山詢問情況，遲遲得不到回音，他只好抓住觀壽丸的母親，藉此逼觀壽丸回家。沒想到比叡山派來數名僧侶，侵入藤原資房宅邸，殺害了一名家僕。

這件事發生在平安時代末期，可見佛寺在當時早已聲名狼藉，而前述熊野僧侶掠奪少年的事件，很可能不只是戰爭時的特殊情況。比叡山和熊野本宮大社當時擁有眾多僧兵，才會發生這種擄人事件。

○●眾僧為搶奪美少年大動干戈

鎌倉時代有位淨土真宗的僧侶名叫覺如，他是淨土真宗祖師親鸞的外曾孫，他將親鸞的佛堂擴大，命名為本願寺。

當時淨土真宗沒有能供僧侶修習學問的寺院，因此覺如十二歲便登上比叡山，拜延曆寺的宰相法印[4]宗澄為師。

覺如是個「容儀品格均美」的少年，而且他自幼聰穎，可說是才貌雙全。覺如的美貌不僅受延曆寺僧侶賞識，在外也聲名遠播，連三井寺的僧侶淨珍也為之心動。

三井寺和延曆寺的關係，自平安時代起就勢如水火。淨珍得不到覺如，便於西元一二八三年（弘安六年）動員僧兵，強行搶奪覺如。三井寺和延曆寺總是爭鬧不休，平安時代末期，延曆寺僧眾甚至還燒毀過三井寺。兩寺間的武力爭鬥雖不少見，但此時竟為一名稚兒大動干戈，可見覺如肯定是名迷人的美少年。

【4】宰相，全名為「黑衣宰相」，意指雖為僧侶，卻參與俗世政治，並具有極大影響力的人（黑衣為僧侶的代稱）。法印，僧位中的最高位階，居於法眼、法橋之上，全名為「法印大和尚位」。

覺如的苦難並未就此結束。他被淨珍奪去後，興福寺一乘院的僧侶信昭也看中他，想將他從淨珍身邊帶走。事情不如想像中順利，但信昭仍不放棄，他轉而拜託覺如的父親覺惠，最後覺如終於來到他身邊。僧侶竟能以巧取豪奪的方式，得到自己愛慕的稚兒，令人難以置信。

比叡山當時有句俗諺「一兒二山王」，所謂山王，即延曆寺的守護神日吉山王。也就是說，稚兒的地位甚至比守護神還要重要。後來延曆寺甚至有本書，名為《弘兒聖教秘傳》，記錄了稚兒的一舉一動，以及僧侶和稚兒的恩愛情狀。延曆寺已經不能沒有稚兒，其他寺院大致也是如此。

寺院間為稚兒爭鬧不休

○●因爭奪稚兒，延曆寺付之一炬

前篇介紹了延曆寺和三井寺爭奪覺如的事例，此外兩寺還曾因其他稚兒發生衝突。室町時代有一部名為《秋夜長物語》的「稚兒物語」，主角瞻西上人確有其人，他是雲居寺的僧侶，故事發生在他待在延曆寺的時候。瞻西愛上三井寺的稚兒梅若丸，贈予他下面這首和歌：

君立花蔭下，貌美更勝花，
心似戀花雲，迷亂難自已。
（知らせばやほの見し花の
面影に立ちそふ雲の迷ふ心を）

意為「我無法忘記你在花蔭下的面容，想將這般苦惱的心情告訴你」，是首有些消極的戀歌。梅若丸回覆了下面這首答歌：

浮雲常游移，人心時變易，
君心若似雲，自難委身依。
（頼まずよ人の心の
花の色にあだなる雲のかかる迷ひは）

意為「若你像浮雲般心思不定，我也不能委身於你」，但這並不代表拒絕的意思。兩人後來雖如願結合，然而，梅若丸卻突然被「天狗」（可能為人口販子）擄走。

三井寺僧侶誤以為這是瞻西做的，僧眾暴動，燒毀梅若丸生父的家，甚至擅自在延曆寺中設立戒壇。延曆寺為此激憤不已，十萬騎兵兵分七路襲擊三井寺，三井寺最後燒得只剩新羅大明神的神壇。梅若丸從「天狗」手中逃出後，發現自家和寺院全都付之一炬，太過震驚而自殺身亡，瞻西只能悲悼梅若丸以度殘生。鎌倉時代編纂的《百鍊抄》中，有「瞻西上人～貴賤結緣」

等文字，暗示這則故事確有其事。

○●寺院制定規範禁絕爭端

因稚兒而起的爭端，不只發生在三井寺和延曆寺而已。

西元一二一三年（建曆三年），京都海住山寺的開山祖師貞慶，訂下五條僧眾應遵守的規範，稱為〈海住山寺起請文〉，其中一條便是「停止山中爭鬥」。貞慶說明緣由，是因為當時僧侶間常因稚兒而相互誹謗、相互陷害。也就是說，當時已有太多因稚兒而起的爭端，令寺院的開山祖師不得不在一開始就制定規範，避免這類糾紛。

此外，西元一三四九年（貞和五年），近江觀音寺還禁止僧侶搶奪他人稚兒，不守規範的人將被逐出寺院。寺方特意訂定規約，可見當時許多寺院皆因稚兒而爭鬧不休。

其後，安土桃山時代至江戶時代的代表性畫家長谷川等伯，寫下了一則關於室町時代末期的傳聞：

相阿彌弟子智傳，扶持本願寺十三日上人，因若道事廿五六武門而死。

智傳全名為單庵智傳，他是室町時代末期的畫家，文中說他因「若道」亦即男色，在爭鬥中身亡。

能劇《花月》中擄掠稚兒的故事

○●《花月》中暗示稚兒買賣的情節

能劇有部作品名為《花月》，相傳創作於室町時代，主角是個名叫花月的美少年，他七歲登上彥山時被「天狗」擄走，隨「天狗」旅居讚岐、伯耆、丹波、近江各地。後來花月在京都清水寺表演雜藝時，遇見一名自稱是他父親的行僧，花月便和他一同展開修行之旅。

這則故事的主角，和前述《秋夜長物語》的梅若丸一樣，都曾被「天狗」擄走，所謂天狗，很有可能是以販賣人口為業的商人。

此外，自稱是花月父親的行僧，很可能是向商人「買了」花月當作稚兒。因為行僧告訴花月自己是他父親後，花月直到劇末都不曾叫他「父親」，而是叫他「御僧」。也就是說，這名行僧買了一名漂亮的少年表演者，作為自己的男色對象。

《花月》裡還有許多令人聯想到男色的情節。例如劇中有一幕是配角寺男被花月推開後，想以花月的弓箭射殺樹上的黃鶯。室町時代的能樂書《申樂談儀》附錄中提到：「好色、博奕、大酒、飼鶯等事，為清次之定也。」其中的「飼鶯」暗指男色。因此兩男的對手戲中出現黃鶯，自然令人想到男色關係。

擄掠美少年的故事，尚能在《自然居士》、《櫻川》、《隅田川》等能劇作品中見到。

據說《自然居士》是由真實故事改編而成，可見稚兒的擄掠和販賣，在室町時代可說是眾所皆知。

○●古代日本買賣稚兒的實際情況

《今昔物語集》中，有一段「陸奧國[5]府官大夫介子」的故事。陸奧介（陸奧國的地方官）的繼室，打算殺害丈夫的兒子，使自己的女兒得以繼承財產。繼室命人將男孩帶走，陸奧介發現兒子失蹤後詢問繼室，繼室謊稱：

兒形貌猶美，或上京人等欲獻與法師，擄之而逃。

「兒」即陸奧介的兒子，整段話意即男孩長得太可愛，可能有一些準備前往京都的人，想將男孩賣給法師當稚兒，因而擄走了他。《今昔物語集》成書於平安時代末期，可見當時便有寺院擄掠稚兒的傳聞，連遠在東北的陸奧人都知道。

其實日本自古即有奴隸制度，也曾買賣奴隸（奴隸古稱奴婢）。佛寺也有奴婢。聖德太子創立四天王寺後，曾賜予寺方奴婢；東大寺裡也有《東大寺奴婢籍帳》，記錄西元七四九年（天平勝寶一年）寺內共有六十一名奴婢，其中包括十一、二歲的少年。

鎌倉幕府於西元一二三五年（嘉祿一年）明令禁止人口販賣，也就是說直到十三世紀初期都還有人口販賣的現象，在這種情況下，寺院就算買賣稚兒也不奇怪。

室町時代的《大乘院寺社雜事記》中，也可見到僧侶購買美少年的記述。該書是興福寺大乘院三名住持的日記，其中一名住持尋尊向猿樂鼓手又四郎，買了他的兒子愛滿丸[6]。愛滿丸二十八歲過世時，尋尊還在日記上寫

【5】相當於現今日本的東北地方。

【6】愛滿丸自十五歲至二十六歲皆為稚兒身分，直到二十六歲才出家，法名丞阿彌。然而兩年後，丞阿彌即於西元一四七四年（文明六年）二十八歲時自殺身亡。

下「予思及『屈指算兮共度歲，十年一數更十年，如斯已經兮四輪替』[7]一歌」等文字，哀悼愛滿丸的死。這首和歌出自《伊勢物語》，意為「屈指一算，我們結縭已過四十年」，可見尋尊和愛滿丸的關係宛若夫婦。順帶一提，愛滿丸過世時尋尊四十四歲。

【7】引自林文月譯《伊勢物語》（一九九七年，洪範，頁四八）。

連稚兒間也有曖昧關係……!?

○●如同愛上同窗的年輕僧侶

現存和佛寺男色相關的史料，記述的大多是稚兒和僧侶，稚兒之間又如何呢？稚兒們朝夕相處，自然會日久生情。

《續門葉和歌集》中，可以見到稚兒寫給稚兒的戀歌。這部和歌集成書於西元一三〇五年（嘉元三年），收錄了醍醐寺僧侶和稚兒創作的和歌。順帶一提，醍醐寺藏有描繪僧侶稚兒男色關係的《稚兒草子》，在男色方面相當著名。

《續門葉和歌集》的稚兒和歌中，有下面這首和歌：

昔待與君契，久盼亦無果，

此身空留恨，抑鬱度殘生。

（契りしをまちしたのみは昔にて

うらみはかりそ身に残りける）

和歌作者是報恩院的吠若丸，意為「等待與你結合的企盼已成過去，現在的我只剩憎恨」。和歌前的詞書寫著「報恩院永壽久居他處，來訪而去，予贈此歌」，「永壽」是個名叫永壽丸的稚兒，整段文字意即永壽丸去了其他地方，睽違許久終於回到報恩院，吠若丸在他離去前送了他這首和歌，可見這是一首稚兒寫給稚兒的戀歌。下面是永壽丸的答歌：

吾知身有愧，緘口默相對，

心盈千千緒，無語亦思君。

（身をしれはかくともいかか云ふへきと

心にこめて物をこそ思へ）

和歌意為「我將想說的話放在心上，胸中滿是對你的愛意」，可見吠若丸和永壽丸都曾愛過對方。

此外還有另一名稚兒寫過下面這首和歌，和歌詞書為：「與長年同宿僧意外分別，託彼處之人傳信。」

濤波沖岸岩，浪打岩間貝，

若得復相見，粉身亦無懼。——大智院月光丸

（荒磯のいはまの波のうつせ貝

くたけてもまたあふせありせは）

「同宿僧」意指該名僧侶和月光丸睡在同一間房，可見他應該相當年輕，而且地位不高。不僅是高僧會和稚兒談戀愛，年輕的僧侶也會。

當時的寺院除修行外，也有教育功能。因此以現在的眼光來看，這兩個人就像喜歡上同班同學一樣。

室町時代廣為流行的「稚兒物語」

○●俊美僧侶和漂亮稚兒共譜的悲傷戀曲

室町時代發展出的「稚兒物語」，描寫僧侶和稚兒間的男色關係，著名的有《秋夜長物語》、《足引》、《鳥部山物語》等作品。

「稚兒物語」為一獨立的作品類型，其中包含許多不同的作品，由此可見，男色作品在室町時代可說是膾炙人口。「稚兒物語」正如其名，題材多為佛寺內僧侶和稚兒間的戀愛。「稚兒物語」作品繁多，在此簡單介紹《松帆浦物語》這部僧侶和稚兒的悲戀物語。

《松帆浦物語》——

稚兒主角藤侍從之君，又名「若君」；僧侶主角宰相之君，又名「宰相」。若君早年喪父，但受母親、兄長疼愛，既可愛又聰慧，當時在比叡山上修習學問，元服後更名藤侍從。若君在十四歲的春天，和比叡山的同學一起到北山賞花。年約三十、容貌俊美的宰相碰巧遇見若君，對他一見鍾情。

宰相迷上若君後寫信給他，還呆站在他家門外，向他表達心意。若君最後終於接受宰相，和他成為一對戀人。然而三年後，宰相的勁敵「左大將」出現了。左大將（某當權者的兒子）聽聞若君的美貌，威脅若君的兄長，藉此從宰相身邊搶走若君。左大將對若君雖好，卻將情敵宰相流放至淡路島。若君得知宰相受到的待遇後憔悴不堪，在左大將的允許下回到老家。

若君拜託名叫伊與的僧侶帶他前往淡路島，抵達淡路島後，當地的老僧對他說，宰相已因相思而病故。若君聞言，便想從宰相住過的松帆浦投海自盡，伊與阻止了若君，若君最後剃髮為僧。

以上是《松帆浦物語》的簡介。室町時代的「稚兒物語」，大多像這樣帶有悲劇色彩。

《風中紅葉》中成年男子間的愛戀

○●愛上自己姪兒的關白之子

室町時代以前的男色，如僧侶和稚兒，大多是年長男性和未成年少年之間的關係。不過，當然也有人成年後仍繼續維持關係。

鎌倉時代末期有部作品名叫《風中紅葉》，主角右大將（故事中設定為關白左大臣的兒子），在外地遇見自己的姪兒（同父異母哥哥的兒子），年約十一、二歲，右大將決定將他帶回京都，一路上使他扮作稚兒，用現在的話來說，就是一名女裝美少年。右大將相當疼愛這名可愛的姪兒，和他同床共枕。書中這麼描述他們同眠時的情景：「『我累了，我們休息吧。』右大將說完，抱著姪兒躺了下來。姪兒既不厭惡也不害怕，微微一笑，抱著右大將睡著了。」

右大將不只是抱著姪兒而已，書中接著寫道：「姪兒身體光滑，像打磨過似的，觸感比女性還好。」可見他還曾愛撫過了姪兒的身體。回京後，右大將對姪兒的愛並未淡去，他帶著姪兒走訪京都各地，還將姪兒介紹給自己的家人。

姪兒成年後娶了個妻子名叫小姬君，但是他和右大將的關係仍未改變，故事便演變成兩名成年男子間的戀愛。文中寫道：「男君此後仍守內大臣身側，夜夜不離。」其中的男君意指姪兒，內大臣則為右大將。姪兒婚後仍夜夜守在右大將身邊，不願離開，右大將便哄著他說：「你現在已是元服打扮，這麼做不太好，會引人議論的。回去和你妻子一起睡吧。」

鎌倉時代出現這類故事，可見成年男子間的戀愛在當時已經相當普遍。

為將軍所愛的能樂名家美少年

○●足利義滿讚嘆：「此聲只應天上有」

室町幕府第三代將軍足利義滿，和能樂（即能劇，當時稱作猿樂）名家世阿彌之間的一段情相當有名。

世阿彌年輕時是位美少年，關白二條良基稱讚他「未料世間竟有此名童」（沒想到世間竟有如此美豔的少年），還說「如源氏物語紫之上般眉目清秀」，意即他和《源氏物語》中數一數二的美女紫之上一樣美麗。

西元一三七四年（應安七年），京都新熊野神社舉行猿樂演出（也有一說是於隔年舉行）。足利義滿前往觀賞，見到觀阿彌（世阿彌父親）的演出後讚嘆不已，此後便開始支持猿樂。

和觀阿彌一同演出的世阿彌（當時名叫藤若丸），也吸引了足利義滿的目光。那年足利義滿十七歲，世阿彌十二歲。

世阿彌從此獲得足利義滿的後援，足利義滿對他寵愛有加，稱讚他「此聲只應天上有」。足利義滿外出時，世阿彌大多隨侍在側，許多大名、公卿紛紛送禮討世阿彌歡心。

足利義滿寵愛的除了世阿彌外，還有日吉座的猿樂表演者——道阿彌。道阿彌的「道」字，便是由足利義滿的法號「道義」而來。此外，足利義滿還相當賞識狂言師[8]後槌太夫、曲舞表演者琳阿等人。

足利義滿喜歡欣賞美少年的演出，因而經常造訪奈良興福寺欣賞延年舞[9]，或是找來猿樂表演者在春日大社演出。他會從這些舞童，甚至公家、武家當中，挑出貌美少年服侍自己。目前已知的就有御賀丸、龜壽丸、壽王丸、日光丸等十名以上的少年。順帶一提，龜壽丸是近江守護[10]六角氏賴的嫡子，本名六角滿高。六角滿高和足利義滿關係密切，甚至有學者認為兩人可能是親兄弟。

【8】狂言為一般穿插在能劇劇目之間表演的喜劇，和能劇同屬日本四大古典戲劇之一，內容簡單即興，取材於民間，運用大量民間俚語，比起能劇更受到庶民歡迎。表演狂言的演員被稱作狂言師。（編註）

【9】寺院辦完法會後，由僧侶和稚兒演出的宴會歌舞。

【10】鎌倉、室町幕府時代的官名，負責地方的軍事行政事務。

室町幕府第四代將軍所愛的家臣

○●愛好少年的足利義持意中之人到底是誰？

室町幕府第四代將軍足利義持，和他的父親足利義滿一樣酷愛美少年。朝鮮使節宋希璟的《老松堂日本行錄》中，也可見到足利義持的男色愛好。書中提到足利義持「宮妾雖多，尤酷愛少年也」，即足利義持雖有成群妻妾，仍非常喜愛少年。

足利義持寵愛的人很多，其中有位名叫赤松彌五郎持貞的男子。持貞所屬的赤松家是室町幕府四職[11]之一，頗有權勢。不過，當時統領赤松家的家督是赤松滿祐，而赤松持貞出身庶系，地位並不高，一般情況下很難直接服侍將軍。然而足利義持迷戀赤松持貞的美貌，赤松持貞「因男色得寵」（《嘉吉記》），受將軍特別提拔。

足利義持對赤松持貞的寵愛非比尋常，他不僅將自己名字中的「持」字賜予對方，還「下賜備前播磨美作三國」（《嘉吉記》），亦即要奪回赤松滿祐的領地備前、播磨、美作三國，以賜予赤松持貞。當時足利義持四十一歲，可惜我們無從得知赤松持貞的年紀。

赤松家的家督——赤松滿祐聽聞這項決定後憤怒不已，他燒毀自己在京都的宅邸，返回播磨以示抗議。此舉激怒了足利義持，他立刻下令討伐赤松滿祐，然而其他大名同情滿祐而不願出戰，以致討伐行動遲遲沒有進展。後來赤松滿祐竟告發赤松持貞，說他和足利義持的側室私通。

足利義持深愛赤松持貞，本來不想追究這件事，卻遭群臣反對。不僅是管領畠山滿家等重臣，就連經常和足利義持商議問題的高橋殿（足利義持的側室），都傾向支持赤松滿祐、批評赤松持貞。赤松持貞平時「倚仗將軍恩寵，恣意妄為」，因而樹立了許多敵人。足利義持最終命令赤松持貞切腹自盡。然而，足利義持認為告密的赤松滿祐「存念不當而恨之」（存心不良而憎恨他），為此憤怒不已。可見足利義持並非真心想要處死赤松持貞。

【11】室町時代輪流擔任京都侍所長官（負責軍事指揮和京都行政）的四個家族，分別為山名家、一色家、赤松家、京極家。

將軍因男色遭人暗殺

○●將軍足利義教的男色愛好引發動亂

史無前例由抽籤選出的第六代將軍足利義教，和他的父親義滿、兄長義持一樣愛好男色。

室町時代相國寺僧侶的日記《蔭涼軒日錄》提到，足利義教經常造訪寺院，疼愛寺裡的喝食少年，可見足利義教也有男色方面的愛好。

足利義教所愛的對象，和足利義持一樣是赤松家的人。那人名叫赤松貞村，據說是赤松持貞的姪子（但有異說）。持貞和貞村都生得相當俊美，他們的家系或許帶有美男子的基因吧。

順帶一提，當時赤松家的家督仍是赤松滿祐。

足利義教對赤松貞村寵愛有加，《嘉吉記》中記載「男色之寵，無人能比」，也就是說兩人的關係在當時已是眾所周知。義教深愛貞村，西元一四四〇年（永享十二年），義教將赤松嫡家在攝津的領地賜予貞村。

隔年甚至盛傳他連赤松滿祐的領地也要賜予貞村。赤松滿祐的領地，即前篇提到的備前、播磨、美作三國，這也是義教的兄長義持一度策畫卻又失敗的行動。

焦急的赤松滿祐於西元一四四一年（嘉吉一年），邀請足利義教來到自家宅邸，並將他殺害，這一連串的動亂史稱「嘉吉之亂」。赤松滿祐隨即敗給幕府討伐軍隊，自殺身亡。赤松貞村此時雖隨幕府軍隊出征，然而戰後他的領地被幕府沒收，赤松家也因而沒落了一段時間。

足利義教生於西元一三九四年（應永一年），赤松貞村一說生於西元一三九三年（明德四年）。

足利義教於西元一四二八年（正長一年）三十四歲時就任將軍。在這之前，他曾入比叡山延曆寺修行，因此他應在就任將軍之後才認識貞村。這樣說來兩人相識時都已超過三十歲，因而有人懷疑他們並非男色關係。在古代，即使有男色愛好，也很少有人僅愛男性。足利義教有妻有妾，他當然也是男女皆愛，不過他步入青年階段後，才愛上和自己年齡相仿的男子，這點倒是相當少見。

轉念一想，成年男性墜入情網也是理所當然，因此足利義教和赤松貞村即使有戀愛關係也不奇怪吧。

想與心愛少年一同死去的關白

○●貴族臨終失態，連兒子看了也搖頭

日本進入鎌倉時代後，武家成為政治舞台的主角，貴族影響力逐漸衰退，但這不代表貴族的史料就此消失。後來的貴族仍然留下許多男色相關的記載。

成書於南北朝時代的《增鏡》，即揭露鎌倉時代後期的關白近衛家平，曾和數名少年共結男色關係。

《增鏡》第十三段提到，近衛家平的嫡長子經忠在他二十歲時出世，他年輕時雖對女性不無興趣，然而他「自中此起，唯好男子，使其臥於身側，如法師稚兒般，與其交好」。「中此」意指人生中期，也就是說，近衛家平步入壯年後開始愛好男色，就像寺院僧侶疼愛稚兒般，只讓少年隨侍在側。

而且「一一寵之，甚為荒唐」，亦即近衛家平不只寵愛一名少年，還不斷更換對象。

近衛家平最初的男色對象，是個名叫左兵衛督忠朝的男子。近衛家平「寵愛不盡，七八年許，甚是歡喜」，亦即家平自忠朝少年時代起，七、八年來對他疼愛不已。然而，忠朝「時過後」，家平又開始寵愛另一個名叫成定的男子。也就是說當對方年華老去後，便移情別戀。

而當他和成定交往時，還養了個名叫壹岐守賴基的男孩。賴基「至今仍為近侍」，直到家平臨終前都陪在他身邊。後來家平知道自己命不久矣，便出家為僧，賴基也隨他一同出家。

近衛家平病情惡化後，壹岐守賴基不分晝夜地守著他。西元一三二四年（元亨四年），家平臨終之際靠著賴基，凝視著他說：「若得共赴此路，吾歡欣不已」（若能和你共赴黃泉，我該有多高興啊），說完便就此斷氣。當時家平的兒子經忠也守在他身邊，經忠見到父親如此不得體的模樣後，感到憂心忡忡。

壹岐守賴基後來也因病亡故。家平離世之後，明明沒有任何人在，賴基仍然做出服侍主人穿衣的動作，而他自己臨終時也唸著「終得常伴大人左右、常伴大人左右」而死去。《增鏡》在故事結尾寫道：人們都說，對壹岐守賴基抱有執念的近衛家平，從另一個世界回來迎接他了，人們都為此感到懼怕。

近衛家平這則故事可能只是特例，不過，後深草院二條[12]於西元一三一〇年寫成的日記《不問自語》中，記載武將藤原雅忠死前，也曾在女兒面前召喚家司[13]藤原仲光，背靠著藤原仲光，和他一起念了一個小時的佛經。可見臨終前將男色對象召至枕邊在對方陪伴下死去，在當時或許不那麼少見。

【12】鎌倉時代的女性，為後深草上皇的侍妾。日記《不問自語》（とはずがたり）記錄其十四歲至四十九歲間，宮中生活及旅行時的經歷。

【13】日本親王、內親王家，以及從三位以上的公卿、將軍家，負責掌管家中事務的職員。

室町時代愛好男色的貴族

○●寵愛田樂明星的名門公子

室町時代流行田樂，當時有個名叫福若丸的少年，可說是田樂界的明星。福若丸是本座田樂菊阿彌之子，《文安田樂能記》形容他是個「能藝容儀，超乎尋常」的美少年。伏見宮貞常親王對他寵愛有加，《文安田樂能記》也記載了兩人的關係。西元一四四六年（文安三年）的紀錄中提到，福若丸「而後，同宿已及數載，年十又七歲」。貞常親王當年二十歲，兩人已經住在一起好幾年，因此這段關係很可能始於親王十六、七歲、福若丸十三、四歲的時候。

當年福若丸在貞常親王召見下來到他的宅邸，兩人第一次見到對方。《文安田樂能記》寫道：「即入此門，如有先世宿緣，思歸私宅便覺傷悲，遂自請隨其門族。」意即福若丸踏進親王家門後，彷彿有著前世宿緣般，想到回家便覺得悲傷不已，因而向親王表示自己想留下來服侍親王。親王也歡歡喜喜地允許福若丸入住。

福若丸就像個自己送上門的妻子似地，從此住進親王家裡。這種事情雖然少見，但也不無可能。

接著要介紹三條西實隆這名公卿。三條西實隆在日記《實隆公記》中，寫下了他的男色愛好。西元一四八九年（長享三年）七月二十三日，他在日記上寫道：「與等衛美人同被，千載一歡也。」三條西實隆和等衛這名美人結合後，心中欣喜萬分。「美人」一詞意指美麗的男子。我們無從得知等衛是誰，但三條西實隆將他寫進日記裡，可見他相當俊美迷人。

曾任關白、太政大臣的近衛政家，也在日記《後法興院記》裡留下了疑似男色相關的記述。日記突然提到「喝食歸慈照寺」，還有「大祥院歸，喝食今夜逗留」等文字，可見近衛政家數度和喝食（稚兒）共度良宵。可見時至室町時代，仍有貴族以男色為樂。

鍾愛能樂名家的公卿

○●最早看上能樂名家世阿彌的人

前面已經介紹過室町幕府第三代將軍足利義滿，與能樂名家世阿彌之間有著非比尋常的關係。

然而，最早看上世阿彌的人其實是公卿二條良基。二條良基曾任四任天皇的攝政、關白，同時又受室町幕府重用。他是位知名文人，也是連歌[14]的名家。

二條良基對世阿彌一見鍾情。良基迷戀世阿彌的美貌，甚至稱他「如自春曙霞間瞥見之盛放樺櫻，教人心亂神迷，又貌美似花」，良基還在扇子上寫下和歌：

藤葉繞松枝，千歲常翠綠，
願君美恆駐，為君取其名。
（松が枝の藤の若葉に
千歲までかかれとてこそ名づけ初めしか）

二條良基將扇子連同「藤若」這個名字一起送給世阿彌。和歌意為「我為你命名，希望你像纏繞在松枝上的藤葉，千年後仍保持現在的樣子」。良基以「藤葉」比喻世阿彌，希望他永遠保有美貌，因而為他命名為「藤若」。

當時猿樂表演者身分低微，世阿彌獲得攝關家家督二條良基的支持後，和父親觀阿彌一同為提升猿樂地位而努力。西元一三七五年（永和一年），他們終於有機會在將軍足利義滿面前表演猿樂，足利義滿就是在這個時候看上世阿彌。世阿彌既被將軍看上，良基便無法再愛世阿彌，兩人的關係只能就此結束。但良基仍相當照顧觀阿彌、世阿彌父子，協助他們將猿樂發展為能樂藝術。

然而，當時是猿樂昇華成藝術的過渡期，演出者多半身分低微，因此朝廷公卿中也有人批判猿樂風潮。從一位內大臣三條公忠便是其中之一，他

【14】將短歌切為上句（五、七、五）和下句（七、七），由數人接力創作。平安時代流行兩句的短連歌，後來發展出長連歌，至鎌倉時代後期定型為一百句，又稱百韻，創作規則嚴謹。

在日記裡寫道：「如此散樂者，乞食所行也。而賞玩近仕之事，以世傾奇之由。」

簡而言之意即：「從事這種散樂表演的人，全像乞丐一樣身分低微。然而足利義滿卻賞玩散樂、將表演者收為侍從，這都起因於世間的怪異風潮。」

俊美將軍足利義尚的男男戀情

○●提拔寵愛的猿樂者

室町幕府第六代將軍足利義教遭到暗殺後，將軍權勢逐漸衰退，至第八代將軍足利義政時爆發了應仁之亂。各地大名違背幕府意思，擅自擴張領地，日本從此進入戰國時代。第九代將軍足利義尚於應仁之亂中就任，他驍勇善戰，親自披掛上陣，不過其亦有男色相關的傳聞。據說足利義尚「御姿如玉」，外貌俊美，因而被人稱為「綠髮將軍」。綠髮為一讚美詞，意指年輕亮麗的黑髮。

三條西實隆的日記《實隆公記》中提到，西元一四八三年（文明十五年）十二月，觀世座猿樂的表演者彥次郎受封改名為廣澤尚正，許多大名和公卿紛紛送禮給他。彥次郎雖為猿樂者，卻深受將軍足利義尚寵愛，盛傳兩人有男色關係。足利義尚將自己名字中的「尚」字賜予彥次郎，並將他提拔為武士一族，可見足利義尚相當重視彥次郎。《實隆公記》的作者三條西實隆，在日記中提到自己蔑視由猿樂者爬升為武士的彥次郎，極不願意送禮給他。

我們無從得知彥次郎和足利義尚的關係持續了多久，不過彥次郎後來任職左馬頭，就近服侍足利義尚。而在足利義尚死後，他甚至遁入佛門哀悼對方的死，從中可以感受到彥次郎對足利義尚的愛意。

○●於生命盡頭遭愛人背叛

足利義尚還有另一位寵愛的人，名叫結城尚隆，出身下總國（今千葉縣一帶），屬於當地望族結城一族。結城尚隆為足利義尚的親信，受將軍重用。足利義尚相當中意結城尚隆，從名字便能看出，義尚將自己的「尚」字賜予對方。

西元一四八七年（長享一年），足利義尚親自討伐近江守護六角高賴，結城尚隆當然也一同出征。順帶一提，足利義尚自京都動身時，身穿紅色和金色華美鎧甲，眾多百姓為此瘋狂，爭相想要一睹將軍風采，甚至還有人合掌敬拜。可見將軍的美貌在京都眾所皆知。當時的足利義尚，烏黑長髮和秀氣的眼睛、高挺的鼻梁，就現在的眼光看來也算得上美男子。

足利義尚的討伐行動最初相當順利。隔年西元一四八八年（長享二年），足利義尚任命結城尚隆取代六角高賴，成為新任近江守護。守護握有統治地方的權力，當時幕府雖已式微，任命守護卻是件大事。結城尚隆雖屬結城一族，但他出身支系而非嫡系，此舉可謂破格提拔。從中可以看出義尚對尚隆的一片深情。

足利義尚能文能武，他留下許多和歌，可以確定其中多首用以贈予結城尚隆。例如下面這首和歌，詞書裡寫著「尚隆一夜未至，五月六日使其浸菖蒲浴」：

獨睡菖蒲枕，待君來見時，
及朝君不至，衫袖滿淚溼。
（見せばやな菖蒲の枕
ひとりねてけさまでかくる袖のうきねを）

各位一讀便能明白，這首和歌寫的是結城尚隆夜間未至，足利義尚獨自就寢的寂寞心情。

下面這首也是足利義尚贈予結城尚隆的和歌：

一色復一香，均無非中道，
若存菩提心，此花亦永恆。
（菩提心無非中道に
そむかすは一色一香のたねやこの花）

這首和歌的詞書裡寫著「二月初插梅枝於瓶，賜予尚豐，並此和歌」。尚豐是尚隆改名後的名字，詞書意為他在二月初將梅花插進花瓶裡，連同和歌一起贈予尚隆。

「無非中道」、「一色一香」出自天台宗的佛經，意味著世上的一切事物，即使是一種顏色、一種香氣，都是真實的。因此這首和歌也可解讀為，足利義尚認為他們兩人的愛同樣真實不虛。

最後，六角軍以游擊戰對付幕府軍，足利義尚節節敗退，西元一四八九年（長享三年）在戰爭中病死。

然而結城尚隆不僅放火燒了軍營，甚至臨陣脫逃。足利義尚在生命盡頭遭到結城尚隆背叛，實在可憐，原來一切都只是他的單相思。足利義尚得年二十五歲，結城尚隆生卒年可惜已無從得知。

足利將軍家綿延的男色文化

○●第十一代和第十五代將軍的男色傳聞

除了前面篇章介紹過的故事之外，室町幕府將軍家還有其他男色相關的逸聞。

首先是足利義尚後兩任的將軍，第十一代將軍足利義澄。足利義澄是第八代將軍足利義政的姪子，也是足利義尚的堂弟。他有兄長，小時候家裡並未打算讓他繼任將軍，因此他自幼便被送至天龍寺出家。根據《後法興院記》，西元一五〇一年（明應十年）二月十一日，有下面這段記載：

> 四辻前中納言、綾小路中納言、飛鳥井宰相等來會。相國寺廣德軒院主相伴喝食來。彼喝食當時受大樹寵愛云云。

公卿聚會時，相國寺廣德軒的僧侶也帶著喝食一同出席——這段文字平凡無奇（畢竟是日記），然而最後卻提到，這名喝食當時受到「大樹」的寵愛。喝食為禪寺中的稚兒，大樹則指足利義澄。也就是說，相國寺廣德軒的喝食是足利義澄的情人。

足利幕府最後一代將軍足利義昭也愛好男色。足利義昭就任將軍後，織田信長不滿他的言行舉止，便於西元一五七二年（元龜三年），向他提出了十七條意見，其中一條如下：

一、欲賞賜值宿若眾，無論何物皆可當場賜予，若予以代官職，或允以非分之公事，將為天下人共貶。

織田信長的意思是，將軍若想賞賜陪睡的若眾，當場賞賜即可，不該任命他們為代官[15]，也不該在不合理的訴訟上替他們撐腰。也就是說，足利義昭插手訴訟，使訴訟結果對自己的男色對象有利。這可能是將軍對男色對象的一種回饋吧。

【15】代替君主或領主管理領地事務的職位。

見證室町男色文化的朝鮮使者

○●揭露將軍男色愛好的訪日使者

南北朝時代至室町時代初期，俗稱倭寇的日本海盜侵擾九州地方至朝鮮半島一帶。朝鮮為倭寇所苦，與日本幕府及諸多大名交涉，希望日方協助鎮壓倭寇，日本和朝鮮因而有了往來。西元一三九九年～一四四三年（應永六年～嘉吉三年）這段期間，朝鮮使節共訪問幕府十四次。

西元一四二〇年（應永二十七年），朝鮮大使宋希璟帶領使節團訪日，當時的將軍是第四代的足利義持。宋希璟的著作《老松堂日本行錄》，是歷史上最早的外國人訪日遊記，書中記錄了京都的情景。有些記述雖和男色無關，但可以見到日本風俗民情，非常有趣，接著就來看看遊女[16]相關的記述：

日本之俗，女倍於男。故至於路店遊女逮半。其淫風大行，店女見行路之人，則出於路而請宿，請而不得則執衣入店，受其錢則雖晝從焉。

日本女性人口比男性多一倍，因此路旁店家裡多半都是遊女。這類荒淫風氣極為盛行，店裡的遊女一看見行人，便會走到路上邀人共宿，若對方拒絕，則扯住衣服將對方強拉進店裡。遊女只要能賺錢，即使白天也會答應客人要求——大約二十年後訪日的朝鮮使節申淑舟，也寫過類似的記述，可見這是當時京都司空見慣的情景。

接下來是有關男色的記述：

其男子年二十歲以下學習於寺者，僧徒剃去眉毛，以墨畫眉於額上，塗朱粉面，蒙被斑衣為女形，而率居焉。其王尤好少年，擇入宮中，宮妾雖多尤酷愛少年也。國人效之，皆如王之好少年焉。

前半段描述的是稚兒。未滿二十歲的稚兒剃去眉毛，將眉毛畫在額頭

【16】日本古代賣春的女性，其賣春場所稱為「遊廓」；賣春男性則稱「陰間」，場所為「陰間茶屋」。

上，並用朱粉化妝，穿上有花紋的衣服，扮作女性模樣。這和目前為止介紹的稚兒形象一致。

後半段提到的「其王」即將軍足利義持，他愛好少年，會挑選美少年進入宮中（御所）。足利義持的側室雖多，但他最愛的還是少年。宋希璟最後陳述感想，說日本人之所以群起效仿，全因將軍愛好少年的緣故。由此可見，足利義持愛好美少年一事廣為人知，而且他也毫不隱瞞，大方地將愛好展露在朝鮮大使面前。

室町時代庶民階層的男色文化

○●連歌師宗長和酒宴上助興的少年

鎌倉時代以前的男色記載，談的幾乎都是特權階級，如貴族、僧侶，偶爾也有武家；時至室町時代，才有庶民相關的文字紀錄。然而前面也提過，男男相愛是自然產生的情感，史料沒有記載，並不代表過去沒有這類事情。

室町時代在男色史上值得一提的是，猿樂（能樂）、曲舞、拍子舞、田樂等新型表演在當時蓬勃發展。這些表演類型並非當時才突然出現，而是自平安時代就已經存在，進入室町時代後受佛寺和神社的庇護，又得到武家的關照，因而盛極一時。受特權階級認可後，各類表演開始廣泛傳播，例如猿樂發展出庶民取向的「手猿樂」[17]，手猿樂之中以美女為主角的稱為「女房猿樂」，由美少年主演的則稱為「稚兒猿樂」。

【17】非專業猿樂表演者所演出的猿樂。

後來，猿樂表演者除寺院和武家外，也會出席其他類型的酒宴，不論在中央或地方皆是如此。連歌師柴屋軒宗長在遊記《東路津登》中，記錄了他於西元一五〇九年（永正六年），在下總國（今千葉縣）參加連歌會時的情景——

入夜後延年若眾美聲者廿餘人，奏吹囃子隨之歌舞，吾等杯數漸增，過百巡心痴神狂，直至破曉仍覺意猶未盡。

「延年」即延年舞，本來是法會後由僧侶或稚兒演出的餘興節目，室町時代已成為一種大眾取向的表演，於酒宴時由少年演出。當時的關東已進入戰國時代，下總國內部紛爭不斷，守護千葉家的勢力因而弱化，大大小小戰爭頻傳。

這樣的戰亂之中，柴屋軒宗長參加的酒宴，竟能有二十名以上的少年表演延年舞助興。柴屋軒宗長在遊記《宗長日記》（西元一五二二～一五二七年），也提到他和少年共度一夜的經驗，可見當時在旅途中找來可愛的少年，一同喝酒過夜，是相當普遍的行為。

○●各地皆有人為少年牽線

西元一四八六年（文明十八年），有部名為《迴國雜記》的書籍出版，作者是聖護院（三井寺體系）的僧侶道興，他將自己從京都、經北陸、至關東、最後前往陸奧的旅程記錄成書。其中有一段他在下野國（今栃木縣）某佛寺過夜時的敘述——

一山老弱置酒宴，集稚兒數名，奏無數曲，宴席終後，有藤乙丸少年來寢所致謝，暫相語後藤乙丸歸，余次日贈歌一首：

聞聲已神往，相見心痴狂，
胸中千萬緒，為何人煩傷？
（をとにぞと云ひしもさぞな
相みての心尽しを誰かしらまし）

藤乙丸回曰：

與君相見事，疑似夢中生，
苟有得見日，夢止人醒時。
（あひ見しは夢かと計り
辿れるをうつつに返す言のはのする）

某夜該名稚兒復來訪，賞月興致正濃，邀稚兒同遊，暫相語後，
稚兒要余詠歌一首，余即作歌曰：

來年見此月，定憶今宵事，
與君覽夜空，獨留無限思。
（月見つつ思ひ出でなば、もろともに空しき峯や、形見ならまし）

稚兒曰其唯今明得侍余，余等不顧夜深，盡興遊玩，至五更之
鐘既鳴，歸後余邀其為長門豎者。

文字大意為道興在某寺過夜時，宴席上來了數名稚兒，道興和其中一個

名叫藤乙丸的少年發生了關係。道興是關白近衛房嗣之子，也是聖護院的住持，這樣的高僧公開談論自己和少年一夜情的經驗，以現代人的眼光來看相當不檢點，不過這對當時的人而言，可能早已司空見慣。

《迴國雜記》還有另一些和稚兒或少年有關的敘述。道興在武藏國久米川過夜時：

某夜稚兒若眾等，由識途之人引路，自鄰國來訪，酒宴間詠歌二十首。

道興和宗長一樣，和旅途中遇見的少年遊玩，甚至還暗示各地皆有一些為旅人和少年居中牽線的人。

西元一五四九年（天文十八年），西班牙籍的天主教傳教士，聖方濟・沙勿略（San Francisco Javier）來到日本，他在寄回西班牙的信件中寫道：「在日本傳教，最難的就是向當地人說明一神教、一夫一妻制，以及男色的罪惡。」可見室町時代末期，男色不僅已普及至社會各階層，也沒有人認為需要隱藏這種風俗。

《兒教訓》揭示稚兒的必備條件

○●連歌名家宗祇對稚兒和若眾提出的建議

室町時代末期的知名連歌師宗祇，相傳著有《兒教訓》一書（另有一說作者並非宗祇），該書以長歌形式列出稚兒應有的規矩，接下來將介紹其中幾項。

作者認為差勁的稚兒行為如「像大人般喝茶、緊貼他人、倚靠在他人身上、說出令人為難的話」，以及「不綁頭髮、不洗手腳、不剪指甲、邋遢、不穿鞋」，此外還有「月代留得像夏天的野蘆葦般雜亂」和「挑剔他人服裝」，這些都是稚兒的大忌。文中提到「月代」（一種武士髮型），可見作者談的不只是稚兒，還包括侍奉武家的若眾。

作者花了相當長的篇幅，談論完差勁的稚兒和若眾之後，接著在文末談到他們的必備條件：

少時性耿直，藹藹不可憎。為人求時，若不合心，亦不可洩，須泰然應對，如無鈎之字，教其難以擱筆，如此更添風采。

這段文字意為：「年輕時應該乖巧有氣質，行事穩重，不惹人討厭。受人追求時，即使覺得對方不是自己喜歡的類型，也不應表現在臉上，應保持溫和，若能令對方像寫書法時，寫到沒有鈎的字，因而難以擱筆的樣子，便會更加風姿綽約。」這些建議令人聯想到江戶時代的陰間（賣春少年）。

我們藉由《兒教訓》，可以知道當時有些教養不佳的稚兒，更重要的是，這類書籍的出版，代表當時稚兒和若眾已比比皆是，而且只為提供性服務而存在。

順帶一提，宗祇在其著作《筑紫道紀》中提到，他遊訪周防國（今山口縣東部）時，為當地守護代[18]陶弘詮的美貌所吸引，可見宗祇本人也醉心於男色。當時宗祇五十九歲，陶弘詮年約二十歲上下。

【18】前文提及之行政官職「守護」的代理職，在鎌倉、室町時代，守護多半居於幕府所在地協助政務，領國事務則委由代官監管，因此許多守護大名家的重臣得以用「守護代」名義進而實質掌控領國。（編註）

專欄

「張形」——擴張肛門用的情趣用品

古人為使陰莖容易插入肛門，除潤滑油外，還會使用一種名叫「張形」的情趣用品。

張形是陰莖形狀的道具，多為木製，但也有以玳瑁或水牛角製成的張形。張形大小不一，種類繁多，應先使用小型張形，再逐漸慢慢加大，這樣便可使肛門習慣異物的侵入。

自鎌倉時代起，寺院便開始使用張形，《稚兒草子》也描繪了使用張形的場景。文中寫道：「呼中太博子之男，使其物入後，復持大張形突入……」（他找來名叫中太的博子〔負責教養稚兒的人〕，先以中太的陰莖擴張後，再使中太用大型的張形進入自己）當時的稚兒為了成為僧侶的男色對象，會在訓練時使用張形。

張形就此流傳下來，至江戶時代使用在陰間的訓練上。據說江戶還有專門販賣張形等情趣用品、秘密藥方的店家。

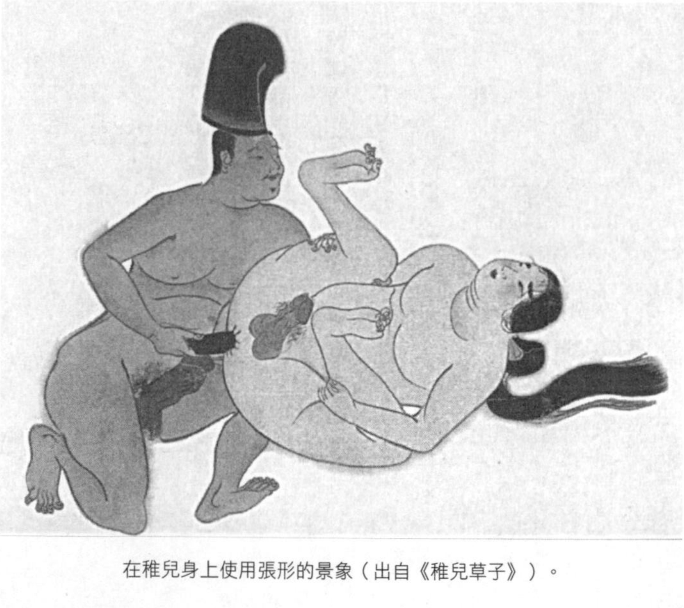

在稚兒身上使用張形的景象（出自《稚兒草子》）。

三

戰國時代的眾道：大名與小姓的男色關係

少年愛成為戰國武將社會地位的象徵

○●比起性更重視精神關係的「眾道」

時至戰國時代，許多武士將妻兒留在故鄉，獨自出征。據說武士階級正因無法帶著妻妾前往戰場，而形成一股男色風潮，和身邊的男性發展出肉體關係，藉此獲得性方面的慰藉。另外，主君若希望家臣能為自己搏命奮戰，便須在年輕時就和家臣建立起深厚的關係。因此許多武士歃血為盟，結為義兄弟。

戰國時代武家社會中的男色關係，不同於江戶時代流行的「陰間」，重視的不只是肉體的結合。這類男色關係被後世稱為「眾道」——比起肉體，更重視精神。名稱中既有「道」字，便不是一項不可告人的行為。年輕武士必須對主君絕對服從，武將身邊相伴的年輕武士，就某方面而言也象徵了該武將的社會地位。

主君和部下間的男色關係，最早見於平安時代末期，亦即源平爭鬥的年代。源氏陣營有位武將名叫木曾義仲，他是源氏陣營中最早攻入京都的武將，卻因得罪後白河法皇而受源賴朝背叛[1]，後來敗給源義經而逃出京都。木曾義仲逃至近江國（今滋賀縣）粟津，進退兩難，最後戰死沙場。木曾義仲死前，對隨侍在側的武將今井兼平說：「我大可死在都城，之所以逃到這裡，全是因為想和你死在一起的緣故。與其在不同地方被殺，不如一起戰死。」[2]這段故事出自《平家物語》，我們無從得知木曾義仲是否確有此言，然而，由此可見當時的武將已有深刻的主從情誼。

此外，戰國武士經

《男色大鑑》中描繪的武士和小姓。小姓為十五歲左右的少年，自幼即須服侍主君，和對方共結男色關係，並且絕對服從對方。

【1】木曾義仲因皇位繼承問題和法皇發生衝突，於是囚禁後白河法皇和後鳥羽天皇，源賴朝聞訊後，派源義經等人討伐木曾義仲。

【2】今井兼平是木曾義仲乳母的兒子，在木曾義仲死後自殺身亡。

《若眾伽羅之緣》的插畫（江戶時代初期，菱川師宣繪），畫中的武士和小姓正在接吻。

常將小孩送至佛寺接受教育，許多武士年幼時，即見識到寺院的僧侶稚兒關係，甚至有所體驗，這可能正是武士階層吸收男色文化的原由。

受名將織田信長寵愛的戰國小姓

○●因歷代傳說創作而增色的男色故事

回顧群雄割據的戰國時代，不可不提當時的超級名將織田信長，他當然也在男色史上占有一席之地。

織田信長和森蘭丸的男色關係廣為人知，江戶時代在民間甚至流傳著一首低級的川柳[3]，說森蘭丸是「趴著露菊花的小姓」（うつむいて菊の案內する小姓）。

森蘭丸據說是織田信長部下森可成之子，森可成共有六個兒子，蘭丸排行老三，本名成利。蘭丸的父親和大哥戰死後，二哥長可繼承家業，蘭丸則自西元一五七七年（天正五年）十三歲起，和弟弟們以小姓身分侍奉信長。他細心且擅長處理事務，相當於信長的「秘書」，受到重用。信長曾公開表

【3】日本詩形式之一，和俳句一樣由五、七、五共十七個音組成，創作規則較為自由，多用以表達個人心情或諷刺時事。

示自己有三項引以為傲的事物：「一是奧州進獻的白斑鷹、二是青鳥、三是蘭丸」。蘭丸於一五八二年（天正十年）本能寺之變時，和織田信長一同身亡，得年十八歲。

蘭丸隨侍在信長這名戰國巨星身邊，最後又隨信長逝去，他的形象太過鮮明，以致後世創作出許多真假參半的戲劇和小說，至今仍為人傳誦。順帶一提，現在多數學者認為，信長和森蘭丸的男色關係並非史實。

織田信長和前田利家的男色關係也相當有名，原因在於加賀藩的史料《利家公御夜話》中，有下面這段「鶴汁之話」：

前田利家十四歲開始侍奉織田信長，十五歲成為織田信長的小姓。多年後，某天信長在安土城召集諸將，舉辦宴會慰勞將領日常辛勞，信長突然提到利家年輕時「寢臥信長公御傍，為御秘藏」，利家為此惶恐不已[4]。也就是說，利家曾是信長珍愛的小姓，還曾與他同寢。這是否代表兩人有男色關係，眾說紛紜，無法斷定。不過，利家和前述的森蘭丸類型完全不同，他年輕時和信長一樣，是個著名的「傾奇者」[5]。這段故事雖無法作為兩人男色關係的證據，但仍引人遐想。

另外，織田信長有許多由「精銳」小姓組成的部隊，例如跟在主君馬匹周圍的「馬迴」，以及穿戴顏色醒目的母衣（騎兵用的布幔護具，佩掛在背上，室町時代後裝飾性增強）、類似侍衛的「母衣眾」——織田信長又依顏色將母衣眾分為「黑母衣眾」和「赤母衣眾」。順帶一提，前田利家年輕時也曾是名「精銳」，被選作赤母衣眾的一員。

【4】織田信長說完，群臣大為羨慕，前田利家羞得猛喝「鶴汁」（以鶴做成的湯品），喝到腹部絞痛。這段故事稱為「鶴汁之話」（鶴の汁の話）。

【5】日本戰國時代後期至江戶時代初期，喜愛奇裝異服、作風也異於常人的人。

猛將武田信玄寫給男人的情書？

○●武田信玄和男人談起了柏拉圖式戀愛？

現在日本的山梨縣直至江戶時代都稱作甲斐國。戰國時代甲斐國的統治者為武田一族，其中最有名的人莫過於武田信玄。武田信玄魁梧勇猛，以超群的領導能力統率甲斐國，幾乎是百戰百勝，可謂武將中的武將。充滿男子氣概的武田信玄，也有男色相關的傳聞。

東京大學史料編纂所裡，保存了武田信玄在西元一五四六年（天文十五年）寫的信件，收件者為春日源助。那一年，武田信玄（當時名為晴信）二十五歲，就任第十九代武田家督第六年。

信件開頭寫著「誓詞意趣者」——武田信玄勾搭小姓彌七郎一事被春日源助發現，武田信玄對此做出解釋，並且發誓自己絕不再犯。

信件由三段構成，武田信玄首先寫道：「吾頻召彌七郎，其皆以蟲氣為由回拒，此言絕無虛妄。」簡言之，即武田信玄辯稱：「我雖數度邀約彌七郎，但他皆以生病為由回絕，我絕對沒有說謊。」

第二段寫道：「吾未曾使彌七郎為夜伽，晝夜皆未曾有彼事，今夜亦無。」文中的「夜伽」即夜晚侍寢的人。武田信玄一再向春日源助解釋：「我不曾使彌七郎侍寢，白天也不曾和彌七郎在一起，今晚當然也沒有找他過來。」

而第三段則寫道：「為與君結知音奔波不休，反教君生疑，使吾煩憂。」文中的「知音」意味著想和對方成為好友或情人。這段文字相當難解，有種解釋是「我說想和你格外交好，四處奔走，你反而起疑使我困擾」，亦即「我努力想親近你，反而使你起疑」。

這封信雖未提及武田信玄是否和男性有肉體關係，但可以看出他相當喜歡春日源助。春日源助懷疑他和彌七郎有關係，他拚命想解開誤會，甚至在文末向天地神明發誓，信中內容絕無虛假。

這名收件者「春日源助」，一般認為是後來的高坂昌信。高坂昌信是武田信玄的親信，也是知名的戰國武將。但高坂昌信和春日源助也有可能是不同的人。

無論如何，由這封信可以判斷，武田信玄很可能像其他戰國武將一樣愛好男色，不過他和春日源助談的或許是柏拉圖式的戀愛。

○●受武田父子寵愛的土屋兄弟

武田信玄除了春日源助外，還有另外兩名男色對象：土屋昌續和今井市郎。

土屋昌續是武田信玄的家臣，比武田信玄小二十四歲。記載武田家軍略的軍事專書《甲陽軍鑑》提到：「土屋右衛門尉，原金丸筑前守，武田家中老也，其子七人，一男金丸平三郎為落合彥介慘殺，二男平八郎，直信玄公御座。」

「平八郎」即土屋昌續，「直御座」（御座を直す）為發生男色關係的隱語。此語原指上位者移動座位，即主君特意前往對方那裡，引申為共結男色關係之意。因此上述文字意即，土屋昌續和武田信玄有男色關係。

土屋昌續年輕時受武田信玄寵愛而得勢，但他之所以能得勢，並非全因他和武田信玄有男色關係。土屋家代代侍奉武田家，土屋昌續的父親土屋虎義（金丸筑前守）為武田信玄的傅役（老師），深得武田家信賴。而土屋昌續本身也英勇過人，在川中島之戰中戰績卓越，又在三方原之戰中，取得德川軍重臣鳥居直忠的首級，立下大功。

接下來介紹土屋昌續的弟弟金丸惣藏。武田信玄的兒子武田勝賴相當寵愛金丸惣藏，《甲陽軍鑑》稱他「直勝賴公御座」。金丸惣藏後來改名為土屋昌恆。天目山之戰導致武田勝賴戰死，武田家滅亡，土屋昌恆直到最後一刻，仍和主君一同在戰場上奮勇殺敵。土屋兄弟深受武田父子寵愛，他們不只是勇猛的武將，可能也曾是俊美的少年吧。

另有一名今井市郎，《甲陽軍鑑》寫道：「今井市郎，時直信玄公御座之人，年方二十，年長晴信公兩歲。」這裡和土屋昌續時一樣，用了暗示男色關係的「直御座」。記載今井市郎的史料較少，不過《武田三代軍記》提到，武田信玄將父親信虎驅逐至駿河時，[6]今井市郎接到密令，向駿河守護今川義元傳達計畫。

武田信玄和今井市郎發生關係時，信玄十八歲，市郎二十歲。對武田信玄而言，今井市郎或許就像他的義兄一樣。

【6】西元一五四一年（天文十年），武田信玄聯合重臣，趁父親信虎出訪駿河國時將他放逐，繼承家督之位。

織田信長次男信雄因好男色而受時人嘲笑

○●雖無武將才能，卻有挑選美少年的眼光

織田信長次子織田信雄生於西元一五五八年（永祿一年），卒於西元一六三〇年（寬永七年），享年七十餘歲，織田信長的子嗣中很少有人能像他這麼長壽。織田信雄曾是有力的家督候選，豐臣秀吉、德川家康崛起後，他仍順利活了下來，聽起來像個聰明人，然而事實並非如此。織田信雄雖有能樂方面的才能，卻是個昏庸的武將，受到多方批評。

下面介紹兩則織田信雄的男色逸聞：

北畠家代代擔任伊勢國司，西元一五七七年（天正五年），北畠家的北畠具親於伊勢舉兵反抗織田信長。織田信雄在此之前，於西元一五六九年（永祿十二年）成為北畠家的養子，當時已是北畠家的家督。織田信雄在叛亂發生後立即鎮壓北畠具親，並將其一家上下捉拿到案。其中有個十四歲少年名叫波多瀨三郎，美貌無雙，織田信雄迷戀他的美貌，打算獨饒三郎。然而，眼見族人皆遭處刑，波多瀨三郎也不願獨活，自願接受死刑，年紀輕輕就命喪黃泉，織田信雄為此大為惋惜。

此外，西元一五八一年（天正九年）荒木村重起兵造反，其家臣逃入高野山。織田信長派遣使者前往高野山寺院，要求對方交出荒木村重的家臣，該名使者卻遭寺方殺害。織田信長一怒之下，下令捕殺諸國的高野聖[7]。統領伊勢的織田信雄，以及他同父異母的弟弟織田信孝，奉命捉拿了許多高野聖，準備於伊勢松島處刑，其中有一名年約十五歲的美少年。到場見證行刑的織田信雄見到這名美少年後，立刻赦免他的死刑，甚至雇用他當自己的僕人，此後更為他取名「道也」並加以重用。

當時同在刑場的織田信孝，見到織田信雄那模樣後笑了出來，問自己的家臣：「何以因尻得免一死？」家臣回答：「蜘蛛憐之，故抽絲爾。」

後世成書的《勢州軍記》引用這則逸聞，批判織田信雄：「周武王用太公望，漢高祖用張良，天下得治，大將應舉隱逸賢者而重用之。然溺於男色，重用佞臣，亂國之武將多矣。」

【7】日本平安時代至江戶時代初期，以高野山為根據地的雲遊僧。

順帶一提，織田信長和其長子信忠死後，家臣召開清州會議，織田信雄在會議上並未被推舉為繼承人。織田信雄行事輕率，在豐臣秀吉和德川家康之間搖擺不定，遭到減封，最後成為江戶幕府五萬石大名。

織田四天王之一的瀧川一益深愛哪名若眾？

○●寵愛美男子，將姓氏賜予對方

瀧川一益為織田信長的重臣，也是戰國時代的知名武將，與柴田勝家、明智光秀、丹羽長秀合稱「織田四天王」。

相傳瀧川一益年輕時，計畫在聚會時以鐵砲射殺某個敵人，他事先確認敵人的座位，發現有根礙事的柱子，便在柱子上開了個小洞方便子彈通過，最後順利地自遠處擊斃對方。這則故事雖然令人難以置信，但可以想見瀧川一益的射擊技術肯定相當高明，才會留下這樣的傳說。

瀧川一益當上織田信長的家臣後，表現極為出色。織田家和統領伊勢的北畠家對戰時，一益擔任先鋒；織田家於長篠之戰中，擊敗當時最強的甲斐武田騎馬隊，一益也在該場戰役中擔任鐵砲隊總指揮官，對織田家的勝利貢獻良多；後來在甲州征伐中取得武田勝賴首級的，也是一益的部隊。

瀧川一益戰功彪炳，人稱「衝鋒瀧川，殿後也瀧川」，然而連他也有寵愛的美麗若眾。該名若眾名叫木全彥次郎，後來改名為瀧川忠征。

他雖姓瀧川，但和一益沒有血緣關係。一益寵愛彥次郎，因而將自己的姓氏賜予對方。一益不僅將忠征視作男色對象，同時也極為信任這名家臣。

西元一五八二年（天正十年），織田信長在本能寺之變中遭明智光秀殺害，瀧川一益身為關東軍團長，當時正在上野國厩橋。他聽聞主君的死訊後，將厩橋城事務交付瀧川忠征，自己前往京都。

《信長記》中，瀧川一益對於當時破格提拔瀧川忠征一事，明白地表示：「彥次郎年紀雖輕，卻為信義兼備之才，且與吾男色之誼匪淺，今付此重任毫無不妥。」

本能寺之變後，瀧川一益的武運一落千丈。織田家的家臣討論繼承人時，豐臣秀吉擁立織田信長的孫子三法師（織田秀信），柴田勝家則擁立織田信長三子織田信孝——瀧川一益支持柴田勝家，在雙方一決雌雄的賤岳之戰中敗下陣來，從此蟄居越前。後來雖然曾被豐臣秀吉召回，但未能立下戰功挽回地位，晚景淒涼。

另一方面，彥次郎——亦即瀧川忠征，在賤岳之戰後便離開瀧川一益，轉而侍奉一益最大的敵人豐臣秀吉。瀧川一益在賤岳之戰後剃髮為僧，其處境令人同情。

瀧川忠征在關原之戰[8]後，又轉而侍奉德川家康，成為俸祿六千石的旗本[9]，得以安享天年。看來不論是男是女，只要長得漂亮就會比較吃香。

【8】戰國時代末期的重要戰役，交戰雙方為德川家康領下的東軍以及石田三成等組成的西軍，最終由德川家康勝出並取得統治權，三年後建立德川幕府。

【9】江戶時代將軍直屬的家臣中，俸祿在一萬石以下，且有資格面見將軍者稱為「旗本」，無資格者則為「御家人」。

愛上妹夫的北條家第三代家督

○●英勇的大名北條氏康竟讓妹夫為其侍寢？

戰國時代北條家征服大半個關東地區，尤其在第三代北條氏康時期達到顛峰，勢力範圍橫跨伊豆、相模、武藏、上野、下野等地，北條氏康可謂當時數一數二的大名。

北條氏康被稱作「相模之獅」，英勇表現廣為人知，不過他也有男色相關傳聞。甲斐武田家相傳的軍事專書《甲陽軍鑑》中，有下面這段記述：

久島殿常直御座，與氏康公同年，年方廿一即隨侍氏康公左右，更名北條左衛門大夫，此人弓矢之術更勝四十五十之人。其弟久島弁千世，年方十六，此人亦直氏康公御座……

之前已經說明過「直御座」為侍寢之意，這段文字即是在暗示，北條氏康和久島殿這名男子有男色關係。久島殿後來更名為北條綱成，他和氏康同年出生，自幼侍奉氏康的父親氏綱。綱成雖姓北條，但他和氏康沒有血緣關係，他是在娶了氏康的妹妹之後才成為北條家的一份子，也就是說綱成是氏康的妹夫。北條綱成驍勇善戰，在北條家的精銳部隊「五色備」中擔任黃備，他在黃色的軍旗上寫下「八幡」兩個大字，敵將光是看到他的旗幟就會為之震懾。

德川幕府的史書《藩翰譜》中，北條家的條目下寫著：「氏綱幼時容顏殊麗，又某者之子（即綱成），受氏康寵愛匪淺。」此外，江戶時代新井白石的《白石先生紳書》也寫道：「北條左衛門大夫（即綱成）受氏康之寵。」可見兩人的關係在江戶時代已是眾所周知。

上文提到綱成的弟弟弁千代也曾「直氏康御座」。弁千代後來更名為北條綱房，哥哥綱成既成為北條家的一份子，弁千代在元服後也以北條為自己的姓氏。氏康較綱房年長六歲，自綱房十六歲起即和他結有男色關係。

北條氏康深愛的綱成、綱房兄弟並未留下肖像畫，因此我們無法欣賞兩位美男子的長相，實在可惜。

以男色為餌的「桂男之術」

○●戰國大名對敵軍施以美男計

「桂男之術」即派遣間諜潛入敵營的戰術，多用以蒐集情報或暗殺敵將。不過敵人也不是省油的燈，想讓對方掉以輕心可不是件容易的事。這時就要利用對方自身的慾望來達到目的，再理智的人也難以與之對抗。桂男之術所採的是「色慾」，以美男計來誘騙敵人。

接下來將介紹幾位使用「美男計」的戰國武將、執行計策的間諜，以及遭到施計陷害的戰國武將。

首先是宇喜多直家設計的桂男之術。宇喜多直家和尼子經久、毛利元就合稱中國地方的「三大謀將」。他施盡一切權術使自己得以平步青雲，最後打倒主君浦上宗景，成為統領備前國的大名。宇喜多直家雖然足智多謀，卻也是個惡名昭彰的奸臣，他和三好長慶、陶晴賢、齋藤道三等人一樣，都是戰國時代下剋上的代表人物。下面這段美男計逸聞出自《常山紀談》一書。

西元一五六一年（永祿四年），宇喜多直家為了征服備前，計畫擊垮備前豪族松田氏，而他的第一步，就是要攻下松田家臣穝所元常的龍口城。然而，龍口城外圍有深谷和大河環繞，可謂一座天然要塞，宇喜多直家如果貿然出擊，只會造成軍隊傷亡。

宇喜多直家決定不與敵軍正面對戰，而是運用才智，以計謀攻陷龍口城。根據家臣提供的情報，「元常以嗜好男色聞名，尤愛美少年」。宇喜多直家立刻從眾家臣中，找到一個名叫岡鄉介的十六歲美少年，和他商討計策並付諸實行。

岡鄉介假裝自己在宇喜多家犯了罪，逃到松田家另一名家臣須須木豐前家，順利成為須須木的部下。岡鄉介要一名流浪的老女人扮演自己的母親，並將她交給須須木當作人質，博得須須木的信賴。不到半年，岡鄉介便偷走須須木的愛馬逃了出來。

這次岡鄉介的目的地即是龍口城。他對穝所元常說：「吾無故被判死罪，逃來此地，請容吾入城躲避」（須須木豐前想用莫須有的罪名將我處死，請救救我）。

稲所元常雖和須須木關係惡劣，但他最初仍起了疑心。或許正因為兩人不睦，他才無法信任這名突然出現的若眾。然而，毫不知情的須須木抓來岡鄉介的「假母親」，將她以磔刑處死，以示懲戒。稲所元常見到岡鄉介急於報仇的模樣後，便不再懷疑這個人。

岡鄉介是名年輕貌美的男子，「尤愛美少年」的稲所元常很快就迷上他，讓他成為小姓待在自己身邊，對他寵愛不已。岡鄉介成功迷惑稲所元常後，終於在某個夜晚，殺害了和他同寢的稲所元常，直家軍隨即進攻，成功攻陷龍口城。

岡鄉介達成使命平安歸來後，受宇喜多直家重用，立下許多戰功。

岡鄉介即使知道流浪老女人可能被殺，仍然利用她來博得敵方信賴；而宇喜多直家同樣是個冷酷的人，為達目的不擇手段。看來岡鄉介在這點上和他的主君十分相像。

●刺客間假戲真做的戀愛

接下來介紹另一則以美男計暗殺敵將的逸聞。

西元一五六八年（永祿十一年），知名的九州大名大友宗麟，遭到家臣立花鑑載起兵謀反。此乃毛利元就的計策，因此毛利的部下原田親種也出兵協助立花軍。不過大友軍猛烈反擊，立花和原田兩軍敗逃，立花鑑載投降後被處死，原田親種則在追擊下躲進堅固的高良山要塞，令大友軍束手無策。

此時，大友方的武將臼杵鑑速底下，有個名叫吉野八郎的隨軍小姓，年方十八，他自告奮勇獻上計策，獨自潛入敵營暗殺原田親種。

吉野八郎認識某寺院的僧侶，他前往該寺院，待在寺內伺機而動時，結識了原田親種的小姓染川十郎。十郎對他說：「原田戀上禿童青花，吾失寵後，甚恨原田。」（親種大人長久寵愛著我，最近卻來了個名叫青花的小姓，大人只顧著寵他，對我相當冷淡）。十郎的年紀不得而知，不過就主君移情別戀這點看來，他很可能已經超過十六歲。

八郎認定這是個好機會，便和十郎共結男色關係，然後對十郎說：「如果你想報仇就帶我進原田宅邸，我會為你殺了原田親種。」十郎回答：「這我自己也辦得到。」說完便離開八郎，回到原田親種身邊。

隔天早晨，十郎趁親種洗完手時，一面遞毛巾，一面以暗藏的凶器刺向親種，最後如願殺死對方。而八郎也不費吹灰之力便達成使命。八郎帶著十郎和大友軍會合。八郎討伐原田親種有功，因而受到讚揚和賞賜；十郎卻因殺害自己的主君，被冠上叛徒的污名，大友家的人避之唯恐不及。

十郎既為八郎立功，又和他有男色情誼，八郎自然無法棄之不顧。八郎將十郎接到自己家裡供他吃住。然而十郎不久後就因病過世。

雖說事出偶然，但美男誘惑的不是敵將，而是敵將的情人，甚至還因此達到暗殺敵將的目的，可說是一場相當特別的美男計。此外，美男和敵將情人發生關係，本來是為了博取對方信任，八郎卻假戲真做，真的愛上十郎，這點在美男計中也相當少見。

○●慘敗的美男計：上杉謙信「終生不娶」之謎

最後介紹一則慘敗的美男計逸聞。這次的對象，是在眾多知名戰國武將中被尊稱為「軍神」、「聖將」的越後大名——上杉謙信。

西元一五五〇年代，北陸地方有越後的上杉、越前的朝倉、加賀的一向一揆[10]等知名勢力，此時任職越中守護代的神保長職也伺機而動，與各方勢力對抗。神保長職決定派遣刺客，暗殺敵人上杉謙信。

神保長職挑選刺客的首要條件為「貌美若眾」，亦即他想找美少年擔任刺客，背後自然有其理由。上杉謙信為越後國之主，堅持「生涯不犯」（終生不娶），年過二十仍未娶妻納妾，以當時的領主而言極為少見。因此神保長職認為「上杉謙信不好女色，肯定嗜好男色」。

神保長職選中的貌美刺客名叫高木左傳次，為東國浪人之子。神保長職在領地內四處尋訪，終於找到這名少年。左傳次年方十六，不只容貌俊美，而且對神保長職忠心耿耿。神保長職對他說：「請你為長保家賣命。」左傳次也毫不畏怯地回答：「悉聽尊便。」

左傳次擔負起暗殺上杉謙信的重責大任，隻身前往越後，想方設法接近上杉謙信，後來終於進入領主居住的春日山城工作。然而，上杉謙信並未上鉤，甚至一眼就看出左傳次是名刺客。他將左傳次交由家臣柿崎景家調查，左傳次的身分立刻曝光，遭處死刑。不過根據另一份軍記記載，左傳次為使

【10】日本戰國時代一向宗（淨土真宗）信徒發起的一揆（民眾起義）。

父親過好日子而自願成為刺客，上杉謙信得知後欣賞左傳次的孝行，因而賜他金子並赦免了他。不論結果為何，神保的計策都被上杉慧眼識破，化為泡影……上杉謙信堅持「生涯不犯」的真正原因無人能解，不只神保長職，所有人都對此好奇不已。

順帶一提，桂男之術中的「桂男」一詞源於印度，經中國傳至日本，意指住在月宮中的妖怪，他並非絕世美女，而是絕世美男。《萬葉集》中有首吟詠桂男的和歌，《伊勢物語》也用桂男來形容男主角的美貌。此外，江戶時代的《繪本百物語》提到「人若凝望月亮，桂男便會向他招手，使他壽命縮短」，該書將桂男和死亡的形象結合，或許也算是桂男之術留下的教訓，提醒世人迷戀美男容易短命。

戰國大名蘆名家的男色悲劇

○●男男三角關係招致的謀反行動

戰國時代的奧州在豐臣秀吉平定前，一直處於群雄割據的激戰狀態，當時由蘆名家統領會津地方。

蘆名家崛起於室町時代，和伊達家、南部家並列為奧州的有力大名。接下來將介紹戰國時代末期，蘆名家第十八代家督蘆名盛隆。

軍記物語《奧羽永慶軍記》成書於江戶時代初期，主要記載戰國時代東北地方的戰爭。書中有下面這段故事：

蘆名家有個家臣名叫松本圖書介氏輔，他的兒子松本太郎行輔是個美得「如夢似幻」的少年。蘆名盛隆受行輔美貌吸引，要他來當自己的侍從，卻被行輔拒絕。因為行輔早有一名「深深戀慕」的男友，名叫栗村下總守盛胤，兩人甚至「向神起誓此情兩世不渝」。

蘆名盛隆起初不知道這件事，持續寄送情書給行輔，行輔始終置之不理。最後行輔和盛胤的關係終究被蘆名盛隆發現。

失戀的盛隆開始將怒氣出在盛胤身上。盛胤明白事情原委後，決定和行輔一同起兵謀反。他們攻下蘆名家的黑川城，但很快就遭到蘆名軍反擊，栗村盛胤戰死。蘆名盛隆想饒過松本行輔，行輔卻說：「吾不願遭汝生擒。」說完便自我了斷。當年栗村盛胤二十六歲，松本行輔十五歲。

記錄戰國時代蘆名家事務的《會津合戰記》，則說蘆名盛隆以松本行輔年紀尚輕為由，沒收了他的領地，松本行輔才會起兵謀反。

不過《會津合戰記》也記載行輔和盛胤有男色關係，而江戶時代編纂的軍記物語《新編東國記》亦有同樣的記述，可見兩人確實是一對戀人。

○●使蘆名家江河日下的傾國美少年

蘆名盛隆十六歲時繼承家督之位，他本人也相當俊美，人稱「無雙美少年」（《武功雜記》）。某次蘆名家和常陸國的佐竹家發生戰爭，當時佐竹軍大將是第十八代家督佐竹義重。

佐竹義重在戰場上對蘆名盛隆一見鍾情，戰爭結束後還寄豔書（情書）給盛隆，盛隆便和對方「速同心深結契」，立刻發生了關係。當時佐竹義重年約三十出頭，蘆名盛隆年約二十出頭。敵對的兩名家督竟共結男色關係，真教人難以置信，不過這則逸聞也足以證明蘆名盛隆美貌無雙。

蘆名盛隆還有另一則男色相關的逸聞——

盛隆前往二本松時，遇見一個名叫大庭三左衛門的少年。《新編東國記》記載：

> 童齡十四五許，容儀尤美，盛隆見其持花讀書，原既深耽男色，遂遣使求此子，以成所望……

原本就有男色愛好的蘆名盛隆，對三左衛門一見鍾情，將他收為自己的侍從。一說三左衛門十八歲才開始侍奉盛隆，若果真如此，盛隆便花了三到四年才追到三左衛門。

盛隆最初對三左衛門「寵幸甚厚」（《新編會津風土記》），但沒多久就喜歡上其他小姓。「是為盛高（隆）癖也」，可見盛隆原本就風流成性，而三左衛門「色衰愛弛」，因而在蘆名家中受到排擠。

盛隆甚至還笑著談論過去寵愛三左衛門時的事，三左衛門對他恨到極點，終於在西元一五八四年（天正十二年）斬殺了盛隆。

蘆名盛隆得年二十三歲。家督太早離世，使得蘆名家的家運江河日下，逐漸走向滅亡。

因男色而滅亡的陸奧名門大崎家

○●家督義隆的男色愛好導致大崎家的衰亡

室町時代至戰國時代，陸奧國大崎地方由大崎家所統領。大崎氏是斯波氏的支系，斯波氏繼承了足利將軍家的血脈，可謂名門中的名門，自室町幕府以來長期任職奧州管領。然而進入戰國時代後伊達家勢力擴張，大崎家的勢力便逐漸減弱。戰國時代末期，大崎家的家督名叫義隆。大崎義隆也好男色，大崎家甚至因此沒落衰亡，史稱大崎騷動，鄰國的最上義光批評他是個「うつけ」（蠢材）。

根據《奧羽永慶軍記》記載，大崎義隆寵愛「貌美絕世」的十六歲小姓，新井田刑部隆景。隆景據說是個窈窕的美少年，生得美豔動人。義隆「甚是愛之，時諸臣憂義隆好色」，隆景仗著有主君的寵愛，行為傲慢，因而受到其他家臣中傷，義隆也就逐漸疏遠隆景，最後愛上「貌美不劣於新井田刑部」的伊庭惣八郎。

隆景氣憤不已，將失寵一事全都歸咎在惣八郎身上，計畫暗殺惣八郎。惣八郎聽見這項計畫後，拜託「素來懸情人」，大崎家的重臣氏家吉繼保護自己。所謂「懸情人」（情を懸し人），即有男色關係之意。

隆景出身的新井田家也是大崎家底下的豪族，大崎家因而分裂成兩派，內鬥極為嚴重。這時大崎義隆若能阻止內鬥倒還好，但他卻使騷動更加擴大。氏家吉繼將隆景的企圖告訴大崎義隆，義隆竟找來當事人隆景，要他「吐露實情」。隆景竟回答：「族人瞞著我計畫的事我一概不知情，但我並不想規避責任，在此交上我的人頭以示負責。」藉此討好義隆。

兩人本來就是相好，義隆便相信隆景的話，和隆景約定：「由我來安撫伊庭惣八郎。」然而，義隆送隆景回新井田城時，卻被新井田一族捉住並囚禁起來。

大崎家的家督被擄後，氏家吉繼、伊庭惣八郎轉而向伊達政宗求援，以對抗新井田一族。另一方面，新井田一族則是與最上義光、黑川晴氏等人結盟。一場小姓間的糾紛，竟演變成奧州一帶的大型戰爭。

伊達軍攻入大崎領地，兩軍交戰，最後大崎家不得不向伊達家屈服，從此走向衰敗一途。

《奧羽永慶軍記》寫道：「義隆為色所迷，捨忠臣，用佞臣，致國亂之事，委實遺憾。」嚴厲批判大崎義隆的行徑。

此外，江戶時代的軍記物語《真書太閣記》也引用伊達政宗的話寫道：「尋此亂之由，均由新田刑部而起。新田得寵，皆因男色。而氏家彈正謀反，亦因伊場（伊庭）惣八郎之男色，使事至此。」文中分析大崎騷亂，皆因大崎義隆的男色愛好而起。

大崎家當時其實早已失去過往的權勢，不過這場敗仗卻成為最後一根稻草，導致大崎家沒落衰亡。若騷動皆因男色愛好而起，也只能說是場悲劇了。

戰國名將獨眼龍政宗竟也有男性情人！

○●伊達政宗寫給小姓道歉的情書

戰國武將中名氣數一數二的伊達政宗，也留有男色相關的記載。伊達政宗不但不隱藏自己的男色愛好，甚至還引以為傲，根據《伊達政宗文書》，他每次和寵愛的少年發生關係時，都會在自己的手腕或大腿上留下傷痕作為記號。

伊達政宗的男色史料中最有名的，莫過於仙台市博物館收藏的書信，收件者是個名叫只野作十郎的小姓，書信成立於大坂之陣前，西元一六一三年（慶長十八年），政宗四十六歲的時候。作十郎年齡不詳，但肯定是名十多歲的少年。政宗接獲密告說作十郎有外遇，政宗因而在酒宴上斥責作十郎。作十郎明白事情原委後，以刀劃傷手腕，寫下血書寄給政宗，證明自己的清白。接下來介紹的便是政宗的回信。

政宗在信中向作十郎道歉，並為自己的行為做出辯解，最後對作十郎傾訴情衷。下面摘錄幾段書信當中的文字。首先是「余心宛若狂風亂馬，欲知君心中之事，酒後心亂如麻，遂出此言。」政宗辯稱自己聽聞作十郎外遇後，急於確認作十郎心意，焦躁得不能自已，才會藉著酒勢質問作十郎。也就是說政宗因嫉妒而故意對作十郎使壞。然而，得知作十郎劃傷手腕一事後，「望能斷指，抑或刺腿腕……行水之時，若小姓等見余傷，必言此事不合余時，恐於子有愧，終日心切甚矣。」

政宗想切斷自己的手指，或者劃傷大腿、手臂向作十郎賠罪，但又擔心行水（沐浴）時被小姓嘲笑「年紀一把還自殘」，讓子女沒面子，因而整天焦躁不已。

從中可以看出政宗的一片痴情。實際上，政宗年輕時曾為情人在手腳留下傷痕，因此信中所說的應該是真心話。政宗即使想向作十郎謝罪也無法辦到，苦澀的心情躍然紙上。

政宗最後寫道「恐恐謹言，愧疚萬分，願君了余心意。」其中「恐恐謹言」是書信結尾表達敬意的用語，下面文字意即「我感到非常羞愧，希望你能明白我的心意」，極為懇切地請求原諒。

當時的伊達政宗已是揚名天下的大名，而只野作十郎不過是一介家臣。兩人平等的互動方式，令人不禁莞爾。

○●伊達政宗與京都的公家曾互贈戀歌

伊達政宗此外還留下幾則男色紀錄。豐臣家滅亡後，西元一六一九（元和五年），政宗隨德川秀忠一同上洛[11]，在京都認識了名叫近衛信尋的美少年。信尋是後陽成天皇的皇子、近衛家的養子，年方二十，官及右大臣。而政宗當年五十二歲。

信尋自年輕起就相當受歡迎，眾武將上洛後見到他，無不心生愛慕。伊達家的軍記《成實記》稱他為「天下難得一見的美男」，新井白石的《白石先生紳書》也寫道「御幼少時無雙美少年」。當時追求他的武將亦多名流，如藤堂高虎、柳生宗德等人。愛好男色的政宗也愛上信尋，兩人締結了男色關係。後來政宗返回仙台時，贈予信尋下面這首和歌：

今朝由此去，與君生別離，
明日復憶君，袖露無乾時。
（今日出て明日より後の
袖の露ほすことあらじあかぬ別れに）

今日出發，明日起便濡溼衣袖。亦即「我的眼淚沒有流乾的一天」的意思。政宗以和歌表達惜別的心情，而信尋也回以下面這首和歌：

今朝君歸去，依依贈吾言，
此言永難忘，何日得見君？
（あかずして別るる人の
言の葉や又逢迄の形見とはみん）

依依不捨的人哪，你的話語將成為再次會面前的紀念。由和歌贈答可以看出兩人都愛著對方，不過就當時的仙台和京都而言，這真是辛苦的遠距離戀愛。

【11】「前往京都」之意。日本仿照洛陽建立平安京，洛陽因而成為京都的別稱。

此外，《老翁聞書》中記載了伊達政宗和片倉小十郎重綱的逸聞。重綱是名勇猛的武將，在大坂冬之陣（西元一六一四年）中表現亮眼，人稱「鬼小十郎」，受到時人敬畏。重綱出征大坂時，自願擔任伊達軍的先鋒，政宗聽了之後，拉過重綱「喰付其頬」，亦即吻了他的臉頰，流著淚答應他的要求。當時伊達政宗四十七歲，片倉重綱三十一歲。

遭到舊情人背叛的家督大內義隆

○●義隆舉用男色對象，導致大內家滅亡

室町時代至戰國時代，大內家稱霸中國地方，以周防國為根據地統領周圍六國，又因對外貿易成功，賺得極大財富。大內家事實上的最後一任家督，即為第三十一代家督大內義隆[12]。

大內義隆直至壯年都是以勇猛著稱的武將，晚年卻傾向文治，成為一名人稱「末世道者」的文化人士。然而，時值戰亂頻傳的戰國時代，義隆的文治政治受到武治派的反對，最後武治派代表陶晴賢發動下剋上，導致大內家滅亡。

據說陶晴賢和大內義隆過去曾有男色關係。《大內義隆記》中有下面這段記述——

【12】陶晴賢在大內義隆死後，扶植其養子義長為傀儡政權，大內家名存實亡。

陶尾州幼時名梧樓，公有戀慕之心，常往返富田，於道中松崎某寺相會，夏夜東雲，天仍未明，公不告而別。公為此煩憂，因而作歌一首：

夏蟬蛻其殼，獨留空外衣，
此為世常理，在所難免之。
（もぬけなりとせめてのことは空蝉の世のならひとも思ひなすべし）

詠畢，遣人送至富田。

「陶尾州」即陶晴賢，當時的晴賢名叫梧樓，仍未元服，因而年紀約在十二至十五之間。義隆較晴賢年長十四歲，年近三十。「東雲」意即破曉時分。義隆當時愛慕晴賢，經常造訪晴賢所住的富田。他們於某個夏日夜晚，約在松崎某寺院相會後，由於尚未天亮，義隆便不發一語地離去。但他對自己不告而別一事感到愧疚，因而在回家後的那個早晨，作了一首和歌送至晴

男

賢的住處。義隆的宅邸距離富田足足四十公里，徒步要走一整天，因此他們可能大多約在中間點松崎的寺院相會。

簡而言之，兩人共度一夜之後，義隆必須趁早離去，但他不忍心叫醒晴賢，只能不告而別。義隆返家後為此感到內疚，因而寫信給晴賢。《大內義隆記》為義隆死後三年左右，由義隆的家人於供奉義隆的寺院（龍福寺）寫成的傳記，可信度相當高。

陶晴賢英勇過人，地位因而扶搖直上，達到了大內義隆對他的期待。然而如前所述，義隆晚年重用文治派更勝武治派，他和晴賢之間因而產生嫌隙。西元一五五一年（天文二十年），晴賢舉兵謀反，將義隆逼至自殺。

有人認為，大內義隆起用男色對象正是大內家滅亡的主因。義隆當初確實是因為寵愛晴賢才會任用他，然而晴賢之所以崛起，卻是基於他自身的實力。義隆除晴賢外，還曾寵愛過名叫杉正重的少年，杉正重年僅十五歲便升至從五位下，但他並沒有因此崛起。

大內義隆飽受戰國武將的批評，《甲陽軍鑑》記載山本勘介曾說：「大內殿予疊上奉公人所領，為家老陶奪其國。」此外，《朝倉宗滴話記》也提到：「論用人不善者，土岐殿、大內殿、細川晴元三人是也。」

○●大內義隆與豪族後裔的男色關係

大內義隆據說還和其他武將有過男色關係。那人名叫小早川隆景，他是毛利元就之子，且繼承了安藝國的小早川家。毛利家為戰國時代極具代表性的大名，但他們原本只是地方豪族，在大內家稱霸中國地方的時候，毛利家大多時候從屬於大內家。

小早川隆景年輕時，山陰的尼子家為擴張勢力，時常侵犯安藝國。毛利家為與尼子家抗衡，需要大內家的協助。

義隆和隆景的男色關係記載出自《陰德太平記》，內容如下：

> 元就父子暫留，又四郎隆景年方十六，容貌俊美，彌子瑕六郎亦相形失色，義隆卿斷袖之寵匪淺，受大樹義晴公推舉，得賜屋形號。

「彌子瑕六郎」為中國君主（衛靈公）的寵臣，文中稱隆景比彌子瑕更美。「斷袖之寵」出自中國典故，意指男色關係。

隆景當年十六歲，幼名德壽丸或又四郎。又四郎和父親毛利元就一同拜訪義隆，義隆迷戀他的美貌，和他發生了男色關係。義隆還將自己名字中的「隆」字賜給又四郎，他因而有了「隆景」這個名字。義隆和隆景相差二十六歲，推算之下義隆當時應為四十二歲。

軍記《陰德太平記》的內容雖然不可盡信，不過就兩家當時的關係看來，大內義隆和小早川隆景有男色關係一說也不無可能。

一統天下的德川家康男色逸聞

○●德川四天王之一的井伊直政與德川家康的意外關係

戰國時代男色文化稀鬆平常，統一天下的德川家康也留有男色逸聞。德川麾下有四名忠臣：酒井忠次、井伊直政、本多忠勝、榊原康政，合稱「德川四天王」。這幾名武將隨侍在德川家康身邊，為建立幕府立下許多功勳。

根據《甲陽軍鑑》記載，四天王其中一人和德川家康有男色關係：

> 萬千代，遠州先方眾侍之子，近年直家康御座。

萬千代即井伊直政。「直御座」正如前述，是暗示男色的用語。德川家康和井伊直政發生關係時，井伊直政用的仍是萬千代這個幼名，推估應為西元一五七五年～一五八二年（天正三年～天正十年），直政十四至二十一歲，家康三十二至三十九歲的時候。井伊直政「容顏美麗，心地良善，家康卿親近寵愛之」（《甫庵太閤記》），可見他年輕時曾是名美少年。

井伊直政不僅獲得德川家康信賴，而且受到諸位大名認同，可謂相當優秀的武將。他「享譽日本，威光無疑」（《甲陽軍鑑拔書後集》），且對德川家康忠心耿耿。《德川實紀》記載，家康允許直政將房子蓋在自家庭院附近，以便時常前往。

井伊直政的美貌當然也吸引了德川家康以外的人，而且受吸引的不只是男性。豐臣秀吉的母親大政所，曾以人質身分待在德川家，她也相當中意井伊直政，返回大坂時甚至要求直政擔任護衛。

○●家臣和寵童的私通情誼

《新東鑑》為德川家康的傳記，編纂於安永年間（西元一七七二～一七八〇年），書中有一段井伊直政的逸聞：

帶刀壯歲時，與家康公愛童井伊萬千代，後名兵部少輔直政者，數度暗通款曲。一回入寢道具之葛籠後歸宅，一回靜坐相語時，家康公來，萬千代奪戶而出，曰今宵不便，不得奉入，並閉其門戶。公見其體貌，曰何故面有難色，語畢轉身離去。

帶刀即為家康的家臣安藤直次，萬千代即井伊直政。直次和直政曾幽會過兩次，第一次幽會過後，直次躲進「寢道具之葛籠」（裝寢具的箱子）才得以回家；第二次兩人在直政房裡聊天，直政發覺家康走近，飛奔出去對家康說：「今晚有些不便，請您不要進來。」家康回道：「你臉色怪怪的。」說完便轉身離去。直次和直政私通的故事，還可見於《安藤舊談》。這則故事談的不只是直次瞞著家康勾引寵童一事，還有下面這段後續。

西元一六一九年（元和五年），家康任命直次為德川賴宣[13]的付家老[14]，直次最初婉拒，家康卻對他說：「你犯過兩次切腹之罪，我都饒恕你，難道你忘了嗎？若你感念我的不殺之恩，最好別再拒絕此事。」可見家康知道直次勾引過他的寵童。而直次大概也明白所謂「兩次切腹之罪」指的是什麼，此後專心擔任賴宣的付家老。

○●將戰功讓給情人的安藤直次

安藤直次在《武野燭談》中留有另一些男色逸聞。這次的對象名叫永井直勝，為德川家的譜代家臣，幼名傳八郎。直勝最初侍奉家康長男松平信康，信康死後，轉而侍奉家康，立下許多戰功，最終於江戶幕府擔任小幡藩主。

直勝年輕時據說曾是個「出眾美童」，直次受到他吸引，「安藤帶刀直次，仍名彥兵衛時，與傳八郎結兄弟之情，為深交密友」。「結兄弟之情」意指結契，亦即共結眾道關係之意。我們無從得知直次和直勝當時的年紀，不過直勝十四歲開始侍奉德川家，兩人相識應該是在直勝出仕之後。另外，直次較直勝年長八歲。

西元一五八四年（天正十二年），德川家康和豐臣秀吉在尾張國小牧發生武力衝突，是為小牧長久手之戰。二十九歲的直次和二十一歲的直勝一同出戰，直次擊敗敵方重臣池田恆興，立下大功，但他卻叫來直勝，將池田首級交給對方，等於是將彪炳的戰功拱手讓人。戰國時代人人搶著立功發跡，直次竟想將戰功讓給直勝，可見兩人的情誼相當深厚。順帶一提，直勝後來誠實地向德川家康稟報此事，直勝和直次都獲得褒賞。

【13】德川家康的十男。

【14】由本家派至分家，負責監督、輔佐的家老（家臣中最重要的職位）。

雖然有些離題，不過據說德川家康喜歡年長的女性，對於男色並不那麼熱衷。因此開頭提到的家康和直政那段關係，可說是非常罕見。

德川家康的兒子們也愛好男色

○●德川秀忠為舊情人說情

德川家康的繼承人德川秀忠，也有男色相關的逸聞。

秀忠的男色對象是武將丹羽長重，他的父親丹羽長秀是織田家的重臣，長年輔佐織田信長。長重是長秀的長子，原為豐臣秀吉的家臣，在關原之戰中參加石田三成統領的西軍，西軍戰敗後，長重遭到改易[15]，但後來在前田利長的斡旋下重回大名行列。長重之所以能重新當上大名，據說另一個原因便是他和德川家第二代將軍秀忠，結有男色關係的緣故。江戶幕府的官方記載《德川實紀》中，留有下面這段紀錄：

右大將殿原與長重私交甚篤（懇に御したしみ），頻嘆長重改

【15】剝奪武士身分、沒收領地。

易之事，復而召其出仕。

「右大將」即德川秀忠。秀忠和長重本來就有親密關係，長重改易一事令秀忠十分惋惜，因而重新任命長重為大名。「懇に御したしみ」為結有眾道關係之意。新井白石的《藩翰譜》中，也提到了秀忠和長重的關係：

長重免罪之事，除因利長中納言嗟嘆故，亦因昔大相國家幼時，曾與之相誓此情不渝也。

「大相國家」即德川秀忠。秀忠元服前曾和長重親密談天，甚至對天發誓，不論發生什麼事，都不會忘記這份情誼。秀忠和長重相差八歲，長重較為年長。在秀忠的協助之下，長重再度當上大名，最終成為十萬七千石的白河藩主。

《續武家閒話》提到德川秀忠另有一名寵愛的家臣，名叫小山長門守吉久。然而卻有個男人同時愛上了吉久，那人名叫成瀨正武，是秀忠底下的小姓組番頭[16]。正武和吉久結有眾道關係，秀忠因而命其切腹。

○●次子結城秀康、四子松平忠吉的男色逸聞

德川家康的次子結城秀康也有男色逸聞。秀康寵愛的男人名叫永見右衛門貞武，貞武在兒小姓[17]時期曾「直秀康御座」，因而得勢，成為一萬八千石的高官。秀康三十四歲病死時，二十二歲的貞武也隨之殉死。當時受主君寵愛而得勢的家臣，在主君過世後皆須殉死，若不殉死將被視為不忠，受人指指點點。

而家康的四子松平忠吉，《武野燭談》形容他：「其頃天生貌美、正氣凜然，故天下諸侯曰：『為此君故，命何足惜？』爭相侍奉之。」由此可見他也相當俊美。

忠吉的對象名叫小笠原監物，監物自小姓時期就受到忠吉寵愛，受封一萬四千石。忠吉二十九歲病死時，監物也隨之殉死。《當代記》、《鹽尻》、《監物草子》中也可見到忠吉和監物的相關記載。

【16】小姓組，江戶幕府的職名，參與諸多儀式，於將軍外出時擔任護衛，並且負責巡視整座城市，由番頭、組頭、組眾三種職位組成，五十人為一組。而「小姓組番頭」相當於小姓組的組長。

【17】或作「小小姓」，即元服前的小姓。

○●十子德川賴宣的男男四角戀

最後要介紹的是家康的十子——德川賴宣。賴宣是和歌山藩的初代藩主，也是紀州德川家之祖。《鹽尻》記載賴宣曾經寵愛「或少年」（某個少年）：

紀公寵或少年，即成年後，仍為寵臣。

紀公即德川賴宣。「或少年」自幼年起即受賴宣寵愛，長大後仍是賴宣的寵臣。賴宣還有另一名心愛的家臣，「牧野兵庫因男色得勢，更勝彼前輩」。牧野兵庫這名家臣，因為和賴宣有男色關係，受到賴宣提拔而得勢，當時的位階比「或少年」還高。

這段故事還有後續，後來有個名叫渡邊若狹的家臣，《鹽尻》說他是「尾州御家人，因貌美故，得紀公賞識，召為從者」。賴宣迷戀渡邊若狹的美貌，下賜三千石雇用他為僕從。也就是說賴宣同時和三名男性交往。

「或少年」明白賴宣已不再寵愛自己，決定辭官求去。他與賴宣訣別後，拜訪渡邊若狹向他道別，最後去了牧野兵庫的家，對他說：「公若遇軍事，吾即趕至御馬前奉命；公若早逝，吾亦隨公逝。此二條外再不下山。」說完便登上高野山，出家為僧。他的話意即，如果發生什麼大事，他會第一個跑回來保護賴宣，賴宣若是死了，他也會不惜殉死，除此之外他再也不會下山。

「或少年」拜訪情敵的家向對方表明心志，他面對失戀的態度可說是相當乾脆。賴宣雖然不再那麼寵愛「或少年」，還是嘆了句「幸好他沒有要自殺」，似乎也曾為他擔心。

戰國知名軍師黑田官兵衛的男色傳聞

○●與官兵衛結有「魚水龍雲之約」的家督是？

戰國時代的軍師黑田官兵衛，侍奉過織田信長、豐臣秀吉、德川家康，他也留有男色逸聞。官兵衛的故事記載在《陰德太平季》當中。安藝毛利家的重臣吉川元長死後，眾家臣議論應否由元長的弟弟廣家繼承家督。元長並無子嗣，因此「誠仁義之勇者」的廣家，便成為家督的最佳人選，不過仍有家臣推舉其他繼承人。

廣家派的家臣決定與黑田官兵衛商量此事，因為廣家和官兵衛曾結「魚水龍雲之約」。魚水龍雲意同「魚水之交」、「魚和水」、「雲和龍」的關係密不可分，因而引申為交情深厚之意。後面還提到，廣家是個端莊秀麗的美少年，而官兵衛和廣家有「裁袖餘桃」[18]的關係。「裁袖」出自中國典故，漢哀帝起床時不忍叫醒枕在自己手臂上的董賢，裁斷袖子下床而去，因此裁袖暗喻男色關係；「餘桃」也出自中國典故，彌子瑕和衛靈公同遊果園時，將自己吃過的桃子分給衛靈公，因此餘桃也代表男色關係。

官兵衛是個信仰天主教的大名，當時很可能已「捨（男色）惡習」，不過官兵衛自西元一五八四年（天正十二年）才開始信教，他和廣家的交往時間也有可能在那之前。無論如何，官兵衛和廣家的感情確實不錯。

官兵衛的長子長政也有男色逸聞，而他的對象竟是知名武將藤堂高虎。藤堂高虎也曾追求過公卿近衛信尋（參見一九〇頁）。長政和高虎向來以水火不容著稱，不過《慶長軍記》中留有下面這段記載：

黑田（長政）與藤堂（高虎），原為若道知音，其交如魚水……

「若道知音」即共結眾道關係之意。長政和高虎相差十二歲，高虎較為年長。該書提到，西元一六〇〇年（慶長五年）岐阜攻城戰時長政搶先立功，兩人從此交惡。而另一本書《武功雜記》，則提到黑田長政愛過一個名叫「八ツ」（黑田美作）的寵童。

【18】中文多作「斷袖分桃」。

西方傳教士眼中的日本男色文化

○●男色遭傳教士斥為「豬狗不如」

戰國時代開始有傳教士來到日本。西元一五四九年（天文十八年），天主教耶穌會傳教士聖方濟・沙勿略抵日，是為西方第一位踏上日本國土的傳教士。沙勿略將日本的男色風俗列為「三大罪惡」之一，大力抨擊。三大罪惡其他兩項，一為信仰耶穌以外的神佛、二為墮胎殺子。也就是說，耶穌會認為男色和殺子同罪。《舊約聖經》記載所多瑪與蛾摩拉二城，居民沉溺男色觸怒上帝，而遭到毀城——因此，基督宗教早期絕對禁止男色行為。

沙勿略在他的信件當中，也提到了日本的男色文化：

「所有的（佛教僧侶）都曾和少年破戒，他們不但承認那些事，甚至聲稱那不是罪。世俗之人學起僧侶，說和尚都那麼做，我們也可以那麼做。」

可見沙勿略曾勸日本人勿近男色，日本人卻反駁說「僧侶也好男色，有什麼不可以」，對沙勿略的話置若罔聞。

沙勿略批判過周防國大名大內義隆的男色愛好，這段逸聞記載於葡萄牙傳教士路易士・佛洛伊斯（Luís Fróis）的《日本史》當中。《日本史》稱大內義隆「行為放縱，耽於邪慾，身染違反自然可恥之罪」，言辭辛辣。其中「違反自然可恥之罪」即指男色。

據說沙勿略應大內義隆邀請，向他說明天主教的教義。沙勿略說：「犯了男色之罪的人，比豬還骯髒，比狗還低劣。」大內義隆怫然不悅，命令沙勿略立刻離開。

然而，這段故事並未記錄在沙勿略的書信當中，無法確定真偽。事實上，大內義隆允許傳教士在領地內傳教，還提供住所給沙勿略。不過，當時傳教士招來葡萄牙商人，促進當地貿易，因此大內義隆的行為可能只是基於禮尚往來。

◯●日本男色文化令旅日傳教士慨嘆

沙勿略抵日後三十年，西元一五七九年（天正七年），義大利傳教士范禮安（Alessandro Valignano）抵日。范禮安著有《日本巡察記》一書，書中寫道：「他們（日本人）最大的罪便是耽於色慾，這在異教徒身上很常見，但他們所犯的是色慾中最墮落的一項，令人難以啟齒。他們不認為那是件嚴重的事，不論若眾或與若眾發生關係的人都引以為傲，公開談論那件事，一點也沒有要隱瞞的意思。」

其中「難以啟齒」的罪即為男色。不過范禮安接著寫道：「日本開始閃耀聖職者的光輝之後，許多人漸漸明白那暗夜（男色）有多麼黑暗。」看來時人信教之後便不再親近男色。

時至江戶時代，西元一六一九年（元和五年），荷蘭的法蘭索瓦・卡隆[19]（François Caron）抵日（後成為荷蘭商館長），他在《日本大王國志》中寫道：「僧侶與貴族權貴有些染有男色惡習的人，但他們卻不認為那是罪惡或恥辱。」可見當時除了天主教信徒外，一般人並不了解所謂的男色之罪。

另外，江戶時代訪日的朝鮮通信使也留下了相關紀錄。西元一七一九年

（享保四年）抵日的申維翰，在其著作《海游錄》提到：

日本男娼之豔，倍於女色。其嬖而惑者，又倍於女色。

意為「日本男娼的豔麗程度倍於女色，討好客人、魅惑客人的能力也倍於女色」。當時日本正處於第八代將軍德川吉宗的統治之下。連外國人申維翰都覺得男娼的嬌媚程度有時更勝女性，可見當時的男娼真的很迷人。

【19】卡隆亦曾擔任台灣荷治時期第八任行政長官（西元一六四四～一六四六年）。

四

庶民享受男色的江戶時代

庶民も男色を楽しんだ江戸時代

男色與女色並立的江戶時代

○●同性戀者並非少數的江戶社會

即使進入江戶時代，男色也不曾被視為異類，男男戀愛和男女戀愛一樣為社會所允許。男色在整個江戶時代的日常生活極為常見。幕府和諸藩雖曾下令禁止男色，但原因是男色引起的砍殺事件增加，也就是說，官方責罰的既非男男性關係，也不是要禁止男色風俗。當時的同性戀者（無論男女）不如現代這樣居於相對少數，直到明治時代，日本大量吸收歐美文化後，男色才成為社會譴責的對象。

西元一六九三年（元祿六年），井原西鶴的著作《西鶴置土產》出版，書中收錄了一則名為「女郎好野郎好」的故事：有個想嫖妓的男人，白天為了打發時間而挑選中意的「地芝居子供」（為錢賣身的陰間[1]），最後花錢和那名陰間交好。由此可見，嫖男妓和嫖妓在當時是相提並論的事。

井原西鶴也好男色，但這類故事並不只是基於作者自身愛好。江戶時代的浮世草子等讀物中，可以見到許多男色相關的故事。此外，當時的春畫雖多描繪男女性交場面，但十張一冊的春畫中，總能看見一張男男交合的圖畫，可見男色對庶民而言並不稀奇。

明曆至貞享年間（西元一六五五年～一六八七年），江戶（東京舊稱）普遍售有一種「若眾木偶」，但那不是小孩的玩具，而是大人欣賞用的人偶。可見江戶對男色十分寬容。

【1】陰間一詞，原指經驗尚淺無法登台的少年歌舞伎演員，因其多以賣春為副業，引申為「男娼」的代稱。

男色文化的極致——「男娼」登場

○●江戶時代男娼開始出現

江戶時代在男色史上最值得大書特書的便是男娼。

江戶以前的史料所提到的男男戀愛、男男性關係，大多可說是基於個人自由。當然，僧侶和稚兒的關係遠稱不上自由戀愛，擄掠稚兒的行徑也相當惡劣。

不過，時至江戶時代，社會上開始出現出賣男色賺取報酬的「男娼」。戰亂平定後，貨幣經濟發達、庶民生活穩定，各類需求隨之增加，這樣的社會背景是男娼出現的一大原因。

另一項原因是「若眾歌舞伎」的盛行。

若眾歌舞伎出現於江戶初期，為歌舞伎的一種型態。歌舞伎由出雲阿國於十七世紀初所創，原為念佛舞（誦經舞蹈），舞者男女皆有。阿國歌舞伎由男扮女裝、女扮男裝的演員同台演出。隨後發展出只有女性演員，或只有男性演員的歌舞伎表演。幕府下令禁止女歌舞伎後，僅剩下專由男性演出的若眾歌舞伎，其承自阿國歌舞伎，由男扮女裝的演員主演。

同時，若眾歌舞伎也繼承了延年舞、田樂、能樂的傳統，演員多為十多歲的少年，而且表演結束後，演員也會留下來在酒宴上陪酒。

若眾歌舞伎的觀眾為一般大眾，因此這類表演有時也會成為男娼招攬顧客的噱頭。

井原西鶴在《男色大鑑》中提到：「當時（西元一六五二年）還只有白天的表演，沒有夜晚的工作。」可見歌舞伎演員至少應直到西元一六五二年（承應一年）以後才開始賣身。而《男色十寸鏡》也記載承應、明曆（西元一六五〇年代）之前，還沒有出現歌舞伎演員賣春的情事。

被迫剃髮的若眾想出妙計

○●為重返歌舞伎舞台剃去額髮

若眾歌舞伎後來和女歌舞伎一樣，被幕府視為敗壞風俗的亂源，西元一六四八年～一六五二年（慶安一年～承應一年），幕府數度下令禁止若眾歌舞伎，然而禁令卻不太有效。《德川實紀》在西元一六五二年（承應一年）六月的條目下，記載了下面這段文字：

> 而堺町歌舞少年等，均應剃淨前髮。近來大名旗本耽於男色，召集此徒使其陪酒，競相玩樂一事已逾法度。

幕府允許歌舞伎以「物真似狂言盡」的名義重返舞台，條件是演員必須

《繪本色好乃人式》插畫中的一部分。上方全裸的男性為「野郎」，以野郎帽子遮住瀏海。

剃去額髮，由此發展出「野郎歌舞伎」[2]。而演員的稱呼，也從「若眾」改為「野郎」。江戶時代習慣將嫖男妓稱為「買野郎」，由來即為歌舞伎。

然而，若眾以出賣色相為業，額髮是他們的身分象徵，剃去額髮一事攸關生死。若眾成了野郎後，為使光禿的額頭不那麼明顯，只好各出奇招，有人戴上頭巾，有人以染色布料蓋住額頭，還有人戴上假瀏海「前髮鬘」。其中也有人將染色絲絹如頭帶

【2】野郎意為成年男性，此處的野郎則指「野郎頭」，即剃除額髮的髮型。

般綁在額頭上，一端自後方垂下，稱作「置手拭」。

西元一六六四年（寬文四年），幕府祭出「鬘（假髮）禁止令」以遏止這股風潮，歌舞伎演員也開發出「野郎帽子」與之對抗。野郎帽子是一塊方形絲絹，四角吊著飾品，用以綁在額上。元祿年間起使用紫縮緬（紫色縐綢），看上去更加典雅，反而使野郎更受歡迎。

另外，當時遭到禁髮的只有歌舞伎演員，因此仍有店家會讓留著瀏海的少年站在店門口招攬顧客。

繼承戰國時代風俗的江戶時代「眾道」

○●沒有姿色的少年無法成為若眾

戰國時代主君和小姓間的男色關係，並沒有因為亂世平定而消失。江戶時代繼承了前代的眾道觀念。

眾道和嫖男妓雖然都是男子間的愛慾關係，背後的思想卻大相逕庭。《葉隱》一書闡述武士應有的精神，其中提到「眾道精髓即死也」。眾道不只是愛情，共結眾道的兩人有時甚至比家人還要親密，因此眾道大多是一對一的關係。若情人被搶，便會為此大打出手，甚至殺死情敵；若情人被殺，即使抱著切腹的決心，也要找出兇手，報仇雪恨。

享保年間（西元一七一六年～一七三六年）編纂的《昔昔物語》一書，提到江戶時代初期有下面這樣的情況：

十四五六八之男子，生付能者勿論，即大體生付者，無一若眾無念者。

十四至十八歲的少年，生來面容姣好的少年自不用說，即使是相貌平平的少年，也沒有一名若眾沒有自己的念者。然而沒有姿色的少年，「生付甚惡者，幼少起即為人笑稱念者」。也就是說，這類少年從小就被他人嘲笑「你只能當念者」。而浮世草子《風流比翼鳥》也提到，有個年滿十四歲仍未結交念者的少年，求神拜佛希望能找到念者。

眾道之中，年長者稱為「念者」，年少者稱為「若眾」，多為元服前的少年，兩者關係近似義兄弟，念者因而必須保護若眾。有時候若眾元服的時間，甚至必須由念者決定。井原西鶴的《武道傳來記》，提到一名若眾未告知念者便擅自元服，最後為念者所殺。

文學作品中的念者與若眾

○●受到家長認可的眾道關係

念者和若眾間的戀愛關係，也受到當時父母的認可。例如井原西鶴的浮世草子《武家義理物語》，描述了下面這段故事：

大和國某城主的家臣中，有個名叫室田豬之助的美少年。豬之助形貌纖弱、宛如女子，深受主君寵愛，室田家也享有榮華。有人嫉妒豬之助，在主君容易看見的地方貼上對豬之助的讒言。豬之助因而被趕出城外，禁足家中。豬之助和母親過著貧困的生活，因糧食見底而決心尋死。這時，有隻狗揹著糧食出現，解救了他們的危機，母子倆便不再尋死。那隻狗經常揹著糧食前來，持續了兩年。五年後，豬之助終於得到主君原諒，元服後再度出仕。豬之助想對貧困時幫助自己的人道謝，四處找尋後，在某座宅邸門口找到了那隻狗。宅邸主人是個名叫岡崎四平的大番頭（警備隊長），豬之助當晚便邀請四平來到自己家中，和母親一同流淚致謝。四平突然對豬之助說：「我不可自拔地愛著你，過去每晚都潛進你家後門，消解心頭無法實現的思念後才離去。」面對四平的告白，豬之助回答：「如今我已經元服，但我還是想報答你的心意。」兩人便進入起居室，豬之助換上若眾時常穿的振袖，和四平共結眾道之契。當時豬之助二十歲，四平二十二歲。

這則故事讀來像是常見的眾道物語，然而豬之助和四平初次發生關係的地方是豬之助的家，而且豬之助的母親也在場。豬之助的母親後來去哪了？其實，在豬之助母子再再向四平道謝後，「母親逕自離席，房間一下子安靜起來」。豬之助的母親顧慮到兩人接下來的發展，離席讓兩人得以獨處。也就是說，這位母親默認了兩人的關係，可見眾道在當時為家人所認可。

男娼賣淫的「陰間茶屋」誕生

○●江戶最好與最差的陰間茶屋

江戶人將還不能登台的年輕歌舞伎演員稱作「陰間」，能夠登台的演員稱作「板付」、「舞台子」，演出經驗不多、技藝尚未成熟的演員稱作「新部子」。賣淫者多為陰間和新部子，後來，江戶人便以「陰間」作為男娼的代稱。京阪地區將男娼稱作若眾，本文統一以陰間稱之。

男娼賣淫的場所稱為「陰間茶屋」（京阪地區稱為若眾茶屋、若眾宿）。陰間茶屋產生的時間不詳，但至少在江戶時代初期就能見到。江戶的陰間茶屋多位於堺町、芳町、禰宜町、淺草、芝神明、湯島、目黑等地，大阪則為道頓堀，京都則以宮川町和石垣町最有名。明和（西元一七六四年～一七七一年）版的《菊之園》提到，江戶的堺町、木挽町、湯島等十個地區，共有兩百二十六名男娼。同時期發行的《疑問錄》則提到，光是芳町就有一百多名男娼。堺町和芳町為表演活動的中心地帶，設有江戶三座[3]，有些劇場像猿若座（後為中村座），芝居小屋（劇場）和陰間茶屋設置在一起。

西元一七五六年（寶曆六年）刊行的滑稽本[4]《風俗七遊談》（鈍苦齋著），列出八個設有陰間茶屋的地點：芳町、神明、糀町、湯島、赤城、市谷、淺草馬道、本所回向院前。就陰間的品質而言，最佳的是芳町，神明、糀町、湯島次之，赤城、市谷更次之，最差的是淺草馬道、本所回向院前。糀町即現在的麴町（位於東京都千代田區），當地的陰間茶屋建於平河天神（平河天滿宮）前方。神明有芝神明社（芝大神宮）、湯島有湯島天神（湯島天滿宮）、赤城有赤城明神社（赤城神社）、市谷有市谷八幡宮——可見當時神社附近有許多陰間茶屋，這或許是因為神社內搭有許多宮芝居[5]小屋的緣故。

陰間茶屋的客人形形色色，僧侶和武士自然是老主顧，此外，由當時的浮世草子可知，富裕的商人、農民、漁夫、工匠、樵夫等庶民也會造訪陰間茶屋。

【3】江戶時代幕府公認的三大劇場，包括中村座、市村座、森田座。

【4】江戶後期的一種小說類型，內容以滑稽故事為主，多取材自平民日常生活。

【5】又稱宮地芝居，江戶時代獲得臨時許可，在神社、寺院內進行的小規模演出。

服侍討厭的客人令陰間憂鬱不已

○●用抽籤決定，運氣差得服侍糟老頭

陰間雖以賣身為職，但也不是對所有男客都毫無怨言。客人之中肯定也有陰間心儀和厭惡的類型。即使遇到討厭的客人，陰間也得面不改色地完成工作。然而陰間聚在一起時，可以想見他們還是會抱怨這些事情。井原西鶴的《男色大鑑》中，便描寫了陰間內心的糾結：

昨日奉迎田舍侍堅軀者，入相頃迄夜更，猛飲致酒傷……

這是某名陰間所說的話。「堅軀」（かたむくろ）即「頑固」之意，「入相」則指「日暮時分」。這名陰間抱怨道：「昨天有個鄉下來的頑固武

士，我拚命地討好他，結果他硬逼我陪他喝酒，從傍晚喝到深夜，真是糟糕透頂。」

下面這段也是陰間的怨言：

> 今日又有伊勢講中間七八人光顧，抓鬮以定其客，中有心儀者，既以鬮定怎奈何。抽中一齷齪老頭，撲襲而來，不顧余髮凌亂，以長爪抓余，以未剔淨之口湊近余，身隔單層木棉薄衣，教人驚恐……

他狠狠地抱怨了一番：「今天有七、八個要去伊勢神宮參拜的人來光顧，我們抽籤決定服侍對象。客人中雖然有我喜歡的人，但既然大家決定要抽籤，我也不能怎麼樣。結果我抽到一個下流的糟老頭，那傢伙一下子就靠過來，連我頭髮亂了也不管。他用長指甲抓我、用沒剔牙的嘴靠近我，隔著一層薄棉襯衣碰到我的身體，噁心死了。」

由這名陰間的怨言可知，當時會有些客人結伴前來，以抽籤決定要和哪名陰間過夜。另一部作品《野傾旅葛籠》也有類似的描述。

成為陰間必須通過的訓練

○●讓肛門習慣陰莖插入的方法

陰間的工作就是要以自身之肛門接受男客的陰莖，因此陰間必須習慣肛交。

西元一七七〇年（明和七年）左右出版的《豔道日夜女寶記》，記載了當時即將成為陰間的少年練習肛交的方法：

> 為教若眾新部子，須先剪齊右手五指指甲，初夜以小指塗油藥戳入，若易入之，復隔一日二日，第二回以紅差指插入，再三出入，又休一日，第三回以人差指塗入，若易入之，則隔日試以高指出入，復插大指使其慣後，合人差指及高指，兩指一次插入，試抽插之，

其次以莖入，慎盡巧者之術，逐次深入。另，尻者有快慢之分也。

一開始先插入小指，隔一到兩天後再將紅差指（無名指）插入肛門，這時要「再三出入」，使手指不斷進出，這樣肛門就會逐漸習慣異物侵入。休息一天後，再插入人差指（食指），隔天插入高指（中指），之後插入大指（拇指），最後將人差指和高指貼合，同時插入肛門，若能適應便以陰莖插入。「慎盡巧者之術」，即「不可粗暴，須巧妙進出」，亦即不能太過激烈之意。

同時期刊行的《女大樂寶開》也記載了同樣的內容。書中提到為使肛門習慣異物侵入，不可直接插入陰莖，必須花時間擴張該部位。

陰間不只需要技術，還要有技巧。井原西鶴在《男色大鑑》中寫道：「入床後少言勿近，使客惱苦，當其心焦時，輕喃悅耳之言，使其一生難忘，而後與之首尾相接，然仍不得觸其子也。」簡而言之，躺上床後要少說話，為使客人著急，不可主動接近客人，直到客人焦躁難耐時，再在客人耳邊說出對方一生都不會忘記的情話，然後委身於對方，這麼做才是優秀的若眾（陰間）。

而且陰間還須具備一定的知識素養。有首川柳說「附和八宗的陰間茶對方的話。

屋」，八宗意指形形色色的宗教，當時的陰間不論客人宗教為何，都能應和

○●熟悉若眾取悅念者的技巧

念者和若眾多半兩情相悅。相愛的人想必能有美滿的性生活，不過，江戶時代出版了一些書籍，專門教授若眾與念者同眠時的技巧。

西元一六八七年（貞享四年），《男色十寸鏡》（作者署名為三夕軒好若處士，真實身分不詳）一書出版。這本書以現在的話來說，就是一本男色指南，內容分為前後兩部分，前半是「念者風俗及教養」、「對待若眾的注意事項及重要教誨」等，念者必須了解的事項，主要是追求心儀若眾的方法；後半則是「若眾第一須知」、「取悅主人的若眾技巧」、「戀慕他人時應有的行為」等若眾的注意事項。根據書中解說，若眾應先和念者聊天營造氣氛，使興奮的念者冷靜下來。若氣氛不錯，便可於枕邊點香，在念者解帶前悄悄解開自己的腰帶。接著由若眾抱住念者，讓念者親吻自己，這時不可握住念者陰莖。待念者陰莖脹大後，便可背對念者，方便念者插入。之所以背對念

者，是因為這樣更容易進入，若眾也較無負擔。

江戶時代還有其他男色指南，如《葉隱》一書中寫道：「最好隨身攜帶脂粉，喝醉酒或睡眠不足等，氣色不好時可以使用。」西元一六五七年（明曆三年）刊行的《催情記》，則記載了泡澡的方法（風呂之事）、接吻的方法（口中之事）、和服的穿法（衣裝之事、肩衣袴之事）等若眾日常生活應注意的事項。

安永年間（西元一七七二年～一七八〇年）出版的《百人一出拭紙箱》中的插畫，描繪念者與若眾性交的模樣。該書分為五章，一至四章為女色指南，最後一章則為念者與若眾須知，可見當時女色和男色地位相等。

留下豐富男色逸聞的第三代將軍德川家光

○●在酒宴上和少年耳鬢廝磨

德川第三代將軍德川家光強行禁教、鎖國，將參勤交代[6]訂為大名義務，下令改易外樣大名[7]（相當於抄家），一系列的強硬措施被稱為「武斷政治」，為江戶幕府的統治奠定基礎。德川家光也是一名以愛好男色著稱的將軍。西元一六二三年（寬永二年），家光十九歲時迎娶正室鷹司孝子，但他對女性並無太大興趣，和孝子之間沒有子嗣。直到西元一六三七年（寬永十四年），家光才有了第一個孩子（孩子的母親是家光側室，阿振之方），亦即家光在這之前只醉心於男色。

家光的男色愛好在當時相當有名。任職於長崎平戶荷蘭商館的法蘭索瓦・卡隆，在其著作《日本大王國志》中提到，家光對他的側室毫無興趣，

【6】江戶時代制度，各藩的大名必須定期前往江戶值勤，再返回自有領地。

【7】和歷代侍奉德川家的「譜代大名」相對，意指關原之戰前後新納入德川支配體系的大名。

連話都不和她們說。

家光留有許多男色逸聞，如西元一六二九年（寬永六年）七月，舉辦了一場慶祝家光天花痊癒的酒宴，數十名小姓在酒宴上載歌載舞。小姓們化了妝、穿上點綴著梅花的衣服、罩上顏色鮮豔的陣羽織，在諸位大名面前表演。家光見到他們美麗的舞姿後，抑制不住興奮的情緒，竟從座位上站了起來，一一擁抱跳舞的小姓，還以自己的臉頰磨蹭小姓的臉頰。

另外，《元寬日記》記載，家光有一名侍從坂部五左衛門，因為男色的緣故遭到家光親手斬殺。家光和中意的小姓入浴時，坂部趁家光不注意，偷摸了小姓的臀部，家光發現此事，出浴後立刻斬殺了坂部。家光當時十六歲。城裡的人聽聞這件事的來龍去脈，都背著家光說他會遭到天譴。

○●德川家光心愛的兩名重臣

有些武將因和家光結有男色關係而得勢，其中一人名叫堀田正盛。正盛自一千石的旗本升為老中[8]，仕途極為順遂，最後甚至成為十萬石的城主。

正盛小家光兩歲，《德川實紀》稱他「蒙無雙寵遇」，可見家光對他的寵愛不同一般。家光就任將軍前就和正盛結有男色關係。家光年輕時多次心急地想見正盛，不等對方進城參見，就在深夜裡帶著許多禮物親自前往堀田宅邸，在那裡和正盛幽會。當時正盛早已元服。另有一則逸聞，家光和正盛親熱時被宿老[9]酒井忠世看見，正盛趕緊穿好衣服離開房間。而另一則故事則提到，正盛生病時，家光親自前往探病並為他搧扇子，正盛因此病癒。正盛在家光死時也隨之殉死，可以確定兩人的情誼在友情之上。

另有一人深受家光寵愛，得以與正盛匹敵，那人名叫酒井重澄。重澄是飛驒高山藩主金森可重的七子，以小姓身分服侍家光，他美貌過人，因而引起家光的注意，也因此被老中酒井忠勝收養，改姓酒井。當時重澄年僅十六歲。《武野燭談》記載，「家光公壯年頃，極寵酒井山城守重澄」，而且家光也像之前一樣，私自前往重澄的宅邸。神澤杜口的隨筆集《翁草》提到，家光經常在夜裡拜訪重澄家，近臣酒井忠勝擔心家光在途中遭遇不測，因而悄悄跟在家光身後，保衛家光。家光發現此事後，再也不在夜裡前往重澄家。

重澄和前述的堀田正盛同時侍奉家光。某次家光召來二人，親自點茶（泡抹茶）招待他們，家光先為正盛點茶，此舉惹怒了重澄，他搶過正盛的茶碗摔碎在地。邀請兩名情人一同喝茶的家光確實有問題，搶過茶碗摔碎在

【8】幕府常設的最高職務政務官員，直屬於將軍負責輔佐政務管理。

【9】在江戶時代意指幕府的老中，或者諸藩的家老（家臣中的最高職位）。

地的重澄問題也不小。家光對於重澄的脫序行徑，只是笑者說：「山城（重澄）委實性急也。」便原諒了對方。

家光曾經贈予重澄一首和歌：

山屋破竹籬，此心單戀君，

幾度共結契，幾度共結契。

（山賤の折かけ垣のかた思ひ
幾たびゆふも幾たびゆふも）

「山屋破竹籬」（山賤の折かけ垣の）是引出「單戀」（片思い）一語的序詞[10]，同時也是自貶的用語，亦即家光對重澄表達情意：「即使我對你說了這麼多次我愛你……」家光對重澄可說是死心塌地。重澄之後因病在家靜養，靜養期間生了四名兒女，此事觸怒家光，導致重澄於西元一六三三年（寛永十年）遭到改易，並在九年後自殺。一說重澄在改易前曾任下總國的關宿藩主或生實藩主，但這類說法應為誤傳。

家光還有其他男色相關的故事。《德川實紀》提到阿部重次「自幼即任近習，寵遇異於他人」。重次由小姓組番頭升為宿老，在家光死後隨之殉死。順帶一提，重次較家光年長六歲。

《德川實紀》還提到內田正信「自垂髫時起即受眷注」，「垂髫」意為尚未元服時，「眷注」為疼愛之意。此段文字雖未提及正信和家光有無肉體關係，不過原為旗本的正信後來官至從五位，仕途順遂，而且家光死後正信也隨之殉死，可見兩人關係也相當深厚。

接著還有梶佐兵衛佐定良。定良幼名金平，擔任家光的小姓。家光為就任將軍上洛時，起用了十五歲的定良，賜予六百石，相當寵愛定良。家光死後定良也沒有娶妻，直到八十七歲過世前都在為家光守墓。

除此之外，和家光傳出緋聞的還有朝倉織部豐明、柳生友矩等人。相傳家光的乳母春日局擔心家光沒有繼承人，為家光找來女扮男裝的側室，看來這則傳說未必是虛構出來的。

【10】和歌的修辭手法，藉由同音或譬喻引導出特定詞彙。

將軍溺愛情人並將其提拔為大名

○●犬公方德川綱吉屢被記載「好男色」

第五代將軍德川綱吉，也和父親家光一樣愛好男色。綱吉擔任將軍時任用了一百三十名小姓，其中有六分之一原是能樂演員。

《三王外記》記載了綱吉、家宣、家綱三代將軍的歷史，書中提到「王好猿樂」、「猿樂人，卑賤起為中郎者，百餘人」。「王」即德川綱吉，「猿樂人」為能樂演員，而「中郎」則為幕府的一項職位。當時自卑賤身分晉升為中郎的能樂演員共超過一百人。

下面繼續寫道「國初以來，未曾有也」，亦即開國以來第一次發生這種情況。

綱吉喜好男色一事眾所周知，《三王外記》中也有下面這段記述：

王好男色，自各諸侯以下朝士大夫，及至吏卒家人子弟，苟有姿色者，皆入侍中。

文中的「朝」意指幕府，「士大夫」即旗本，「吏卒家人」則為御家人。整段文字意即「各大名以下至御家人的子弟中，若有貌美的少年，綱吉便收為侍中（侍從）」。書中列舉了許多這樣的人物：

前田利重（或為利明？大聖寺藩，生年不詳）、細川有孝（宇土藩，西元一六七六年生）、池田輝錄（生坂藩，西元一六四九年生）、南部直政（八戶藩，西元一六六一年生）、酒井忠直（庄內藩，西元一六四三年生）、奥平昌章（宮津藩，西元一六六八年生）、牧野忠辰（長岡藩，西元一六六五年生）、水野忠周（松本藩，西元一六七三年生）、本多康命（膳所藩，西元一六七二年生）、太田資直（田中藩，西元一六五八年生）、龜井茲親（津和野藩，西元一六六九年生）、金森賴時（飛驒高山藩，西元一六六九年生）、松平忠德（岩槻藩，西元一六六一年生）、松平輝貞（壬生藩，西元一六六五年生）、井伊直朝（掛川藩，西元一六八〇年生）、堀親常（飯田藩，西元一六七四年生）、稻垣重富（刈谷藩，西元一六七三年生）、森川重令（生實藩，西元一六七〇年生）、柳生俊方（柳生藩，西元一六七三年生）。

以上共十九名。

其中有五人在綱吉的時代被舉用為「側用人」。當時側用人的地位比老中還高，可見有許多人藉由男色平步青雲。德川綱吉生於西元一六四六年（正保三年），上列十九人中有人和綱吉年紀相仿，有人小綱吉二十歲以上，可見綱吉愛好的範圍相當廣。

除此之外，還有個名叫柳澤吉保的人深受綱吉寵愛，從小姓升至側用人，最後官至大名。而另外一名「以色受幸」的黑田直重，受綱吉疼愛，也從小納戶役登上大名之位。「小納戶役」即江戶城本丸[11]中，隨侍將軍身側、照顧將軍生活起居的職位。

另外，《土芥寇讎記》一書也提到綱吉「好男色」、「愛美童」，可見綱吉的男色愛好人盡皆知。

《御當代記》（成書於西元一七〇二年，作者戶田茂睡）提到綱吉時代「御駕籠者六右衛門，因有美貌，受召入城，封御湯殿頭，賜百俵」（西元一六八九年〔元祿二年〕）。

這段文字意即「有個身分低微的轎夫被提拔為湯殿頭，並獲得一百石」。湯殿頭是服侍將軍沐浴童僕中的最高職位，而服侍將軍沐浴的少年，多為將軍的男色對象。

《御當代記》還提到，綱吉在江戶城裡造了個「桐之間」，裡頭住的全是美少年。他們的身分除了武士之外，還有人是能樂演員、廚師等，不一而足。綱吉的男色逸聞不只這些，據說原為能樂演員的八木主稅介信之因貌美而受寵，受賜八千石。書中還提到伊東淡路守，以及受賜三萬石、被舉為側用人的喜多見若狹守重政等人。

《御當代記》的作者戶田茂睡和綱吉生於相同時代，書中記錄戶田茂睡的見聞。戶田茂睡原為岡崎藩本多家的家臣，後來辭官來到江戶。由該書可知，綱吉在當時就有許多男色傳聞。

【11】日本的城池中最核心的部分。

俳聖松尾芭蕉與男性情人的俳句之旅

○●超越君臣的男男友誼

被譽為「俳聖」的松尾芭蕉也有男色傳聞。西元一六七二年（寛文十二年），芭蕉蒐集時人的俳句[12]，兩首一組共三十組，評定每組俳句的優劣，其中有一組是「紅梅含苞，彷若紅袋」（紅梅のつぼみや赤いこんぶくろ）和「以梅為兄，稚兒櫻」（兄分に梅をたのむや稚児桜）。

芭蕉判定勝負時針對後者評論道，他認為這不是梅的發句而是稚兒櫻的發句，不過會這麼想，可能是因為「吾昔亦好眾道而僻耳歟」。「僻耳」為誤會之意，亦即「我以前也喜歡眾道，才會有所誤解吧」。

當時芭蕉二十八歲。所謂「昔好眾道」，對象很可能是西元一六六二年至一六六六年（寛文二年至六年，芭蕉十八歲至二十二歲時），芭蕉所侍奉的伊賀國侍大將——藤堂良忠。良忠較芭蕉年長兩歲，兩人師事幕府的歌學方[13]、同時也是俳人的北村季吟，因而頻繁往來伊賀與京都。一說芭蕉的俳諧由良忠所啟蒙，兩人年齡相仿，發展出超越君臣的友誼。然而，良忠於西元一六六六年（寬文六年）過世，得年二十四歲。芭蕉也在同年辭去藤堂家官職，親自將忠良的遺骨安置在高野山的寺院，可見芭蕉極為重視良忠。

○●芭蕉與《笈之小文》中同行弟子杜國的危險關係

松尾芭蕉來到江戶後仍有男色傳聞，這時的對象則是他的愛徒坪井杜國和越智越人。越智越人是個美男子，時人詠為「美男飲水，顏如秋月」。

芭蕉的遊記《笈之小文》，記錄他在西元一六八七年（貞享四年）十月至隔年四月自江戶至明石的旅程。其中鳴海至伊良湖崎這段路，芭蕉和越人同行；伊勢至明石時，則是和杜國同行。《笈之小文》有些段落讀來像是男男情侶的旅遊日記，非常有意思，例如芭蕉和越人在吉田過夜時，芭蕉詠了首意味深長的俳句：「長夜雖寒，二人同寢便無可懼」。

杜國原在尾張經營米類批發，後因買空賣空而遭驅逐，旅途中化名萬菊

【12】日本古典短詩，由五、七、五共三句十七音組成，且須加入季語（表示季節的用語）。俳句為「俳諧之句」的略稱，原為連句（或稱俳諧連歌，簡稱俳諧，由「五七五、七七」反覆構成的長詩）開頭的句子，後來獨立成詩，因而早期多稱作「發句」。

【13】江戶幕府的職位名稱，負責和歌相關事宜。西元一六八九年（元祿二年）任用北村季吟父子後，由北村家世襲該職。

丸，打扮成童子的模樣。芭蕉和杜國在伊勢會合，芭蕉在書中稱杜國為「之前在伊良湖崎和我有過約定的人」。當時兩人還在各自的斗笠內寫上「乾坤無住同行二人」，意即「天底下沒有我們的容身之處，一路上只有你和我兩個人」——這段文字也饒富趣味，帶有男色的味道。

兩人來到大和國的初瀨時，芭蕉詠了首「春夜朝聖者，祈願幽堂隅」，而杜國也詠了首「偶見履屐僧，緩步花雨中」。初瀨自古以來就是祈求良緣的聖地，而且芭蕉在旅途中寫道：「百無聊賴時，二人於草枕之上相互寬慰」（〈惣七宛書簡〉），這段文字也為兩人關係增添了一層想像。順帶一提，當時芭蕉四十三歲，杜國大約三十歲左右。

旅程結束後，杜國便回到三河伊良湖，兩人從此再也沒有機會碰面。芭蕉結束《奧之細道》[14]的旅行後回到伊賀，於西元一六九〇年（元祿三年）正月寫了封信給杜國，信中提到「近來無君音信，莫非渡海之船為浪所翻，抑或患病歟，吾為此憂心忡忡，方寸欲斷」，芭蕉遲遲沒有收到杜國的來信，為此十分擔心。芭蕉接著寫道「正二月之間，待君來訪伊賀」，邀請杜國於正月或二月前來伊賀。然而當時杜國早已病倒，無法回覆芭蕉，於當年三月離開人世。

西元一六九四年（元祿七年），芭蕉的弟子榎並舍羅提及芭蕉和杜國的關係時曾說：「思及翁（即芭蕉）與萬菊丸之旅，心生羨慕」，並詠了首〈意中人盜釜月夜〉。「月夜遭人盜釜」為諺語，意指掉以輕心，然而這首俳句也意味深長[15]。

【14】松尾芭蕉的遊記，記錄芭蕉和弟子河合曾良自江戶至東北、北陸的旅途見聞。

【15】「釜」在日文中為男性臀部或男色的隱語。

妻子以自殺抗議丈夫男色行徑

○●名君淺野吉長沉迷男色，妻子節姬切腹勸戒

安藝廣島藩第五代家督淺野吉長，娶了加賀藩第四代家督前田綱紀的女兒節姬為妻。淺野吉長因藩政改革成功被譽為名君，然而他同時也「醉心野郎陰間，復忘其身」。

節姬對吉長提出諫言，首先強調「妾言絕非出自嫉妒」，即「我絕不是因為嫉妒才說出這些話」，接著說道：「妾對神發誓絕無此事，世人傳言，大人使賤者入彼場所。若有不法情事，應公布其名」，勸戒吉長不應結交男色對象。然而，吉長「甚而於芝神明前贖出陰間兩名」，為芝神明的陰間贖身，還「偕遊女、陰間回國」，帶著遊女、陰間一同回國。節姬評論道：「大名遊興之餘，不無贖出遊者之事，然偕同回國已越其度，上若聞此，何成體統。」（您為賣春者贖身我可以視而不見，但您帶他們回國，我就無法苟同了。最重要的是，如果將軍大人知道這件事，肯定不太高興。）吉長對節姬的諫言極為惱火，硬是帶著陰間回到自己的領地。

結果「遊女、陰間著美服，其行恣意更勝諸士。」（遊女、陰間穿著華美的服飾，行徑比武士還要囂張）節姬因而怒上心頭。

淺野家沒有任何家臣勸諫吉長，令節姬沮喪不已，她靜靜地回到自己的房間，寫了一封信給弟弟，加賀藩主前田吉德，隨後便「腹切一文字而臥」。節姬最後選擇以切腹的方式，抗議丈夫沉迷男色的種種行徑。

吉長知道後驚訝萬分，終於開始疏遠自己贖回來的遊女和陰間。然而，以一位被譽為名君的藩主而言，這件事已遠遠超過「失態」的範圍。

幕府與諸藩的男色禁令

○●因男色而起的爭鬥增加，擾亂風紀

江戶時代男色風俗擴大至民間，由眾道關係引起的爭鬥也日漸增多，有時甚至演變為砍殺事件，因此，長州藩、岡山藩、弘前藩、津藩、會津藩、米澤藩等藩，便陸續下令禁止眾道。

長州藩於西元一六〇八年（慶長十三年）發布六條禁令，其中一條禁止的即為男色。條文寫道：「若眾、知音停止。若暗中結交知音，兩人判處同罪。縱為過去結交之知音，也須自今日義絕。」即使是過去結交的知音，亦即現在的情侶，也必須立刻分手。

米澤藩在上杉景勝的統治之下，於西元一六一二年（慶長十七年）頒布男色禁止令。禁止令中規定：「年少者自不用說，無論何人皆不可結為知音。」藉此禁止領地內的男色行為。

而播磨姬路藩則於西元一六五四年（承應三年），由池田光政下令禁止男色。池田家並未頒布禁令，而是要求一家上下發誓：「立即停止對兒小姓施以無禮男色行為，即使對方搭話也不得與之合意。」並且規定：「年少者若有促使眾道流行之情事，審訊後皆予以責罰。」藉此一舉掃除領地內的男色行為。

幕府也於西元一六四九年（慶安一年）頒布禁令取締男色，不過當時規範的對象僅為若眾歌舞伎，並非要全盤禁止男色。接著幕府又於西元一六五一年（慶安三年）再度頒布禁令，「不得使町中歌舞妓子等稚童，收取金銀，行賣春之事」，不僅禁止少年賣春，更擴大禁令範圍「御家人自不用說，藩邸亦應堅決禁絕男色之事，亦不得為之媒介」。

隔年西元一六五二年（承應一年），幕府更對江戶居民下令：

> 此前亦已申明，勿予町人子弟小姓文錢以結眾道，此後若有違者，必將嚴懲。

整段文字意即：「不得給予町人子弟和小姓金錢，與之發生眾道關係，今後若有人違背將會遭受嚴厲處罰。」從中可以看出幕府一年比一年更重視這件事。

幕府取締男色，主要是因為當時頻繁發生男色相關的社會事件。

不過，幕府和諸藩禁止的並非男性之間的戀愛和性行為，之所以禁絕男色，純粹是因為男色爭鬥擾亂風紀的緣故。

禁絕女色、容許男色的薩摩藩

○●連女性煮的飯都不吃的「兵兒組」

幕府和諸藩有時會對男色採取禁止措施，然而男色風氣在薩摩藩卻從來沒有衰退過。《薩摩見聞記》提到薩摩藩暗中提倡眾道，以防男子沉迷女色，並藉此維持士氣。而且「於父兄前談話，人皆不以為意」，亦即時人即使在家人面前也能暢談眾道話題。江戶時代後期平戶藩主松浦靜山的日記（西元一八二一年～一八四一年（文政四年～天保十二年））當中，也能見到類似的記載。

薩摩有個特別的組織，名叫「兵兒組」（へこ組）。へこ的漢字寫作「兵子」或「兵兒」，且為「へこたれる」（無精打采）一詞的語源。兵兒組為江戶時代初期成立的青年組織，目的在於防止鄰近諸藩的入侵。組織中，由

稱作「二才」的青年負責照顧年輕的「稚兒」少年，教導他們武藝和日常規範。二才一般穿著長度不及膝蓋的單件式和服，身上還會佩帶長約一百二十公分的長刀。

讀到這裡，各位可能會認為這些成員除年輕氣盛外，並無特別之處。然而，兵兒組的卻是個紀律異常嚴格的組織。

首先，為訓練成員不怕死的精神，酒宴時眾成員會圍坐在一起，圓圈中心有支槍枝從天花板垂吊而下，以繩子拉扯扳機隨機發射，玩法如同俄羅斯輪盤，但成員即使中彈倒地也必須不動聲色。此外，有個長崎商人造訪薩摩時，在酒宴上遇到一名年輕武士，武士捲起袖子露出手臂上滿滿的刀傷，甚至再度以手中匕首刺向手臂，瞬間「血流溢席」，商人驚駭不已，當場逃之夭夭。

兵兒組早晨起床後便會傳閱書籍，直到睡前都會不斷精進武藝，除此之外，他們還會刻意疏遠女性，不吃女性煮的飯，在路上和女子擦身而過時也不可偷看。兵兒組疏遠女性的理由不得而知，但十幾二十歲的年輕人總有性方面的需求，他們也就轉而將男性當作性行為的對象，男色風俗因此生根。

松浦靜山的隨筆《甲子夜話》，針對薩摩的男色風俗寫道：「雖禁婦女如斯，仍求男色、伴美少年，宛若主人。」

○●代為殉死的深厚男色關係

在這股男色風潮當中，有幾則故事被薩摩青年奉為經典，代代傳頌。例如明治時代初期的《賤之小田卷》一書，出版後廣受好評。

故事發生於江戶時代初期，島津家的家臣中有個名叫平田宗次的美少年，他和吉田大藏清家結有男色之契。當時宗次十五歲，清家二十六歲。西元一五九九年（慶長四年），島津家的家臣伊集院家起兵謀反，是為「庄內之亂」。宗次和清家一同參戰，然而清家卻戰死沙場。宗次抱著清家的遺體淚流滿面，隨後衝入敵陣，英勇戰死。戰國時代常有這類故事，不過《賤之小田卷》的主角為薩摩青年，由宗次為清家殉死一事可知，薩摩自古即流行眾道，重視武士間的情誼。

《庄內軍記》中有另一則庄內之亂時的逸聞。內村半平年方十五，「容顏殊麗」。庄內之亂時半平死守志和地城，與敵軍奮戰，這時敵方射來一封箭書。寄信者名叫春田主左衛門，在半平十四歲那年春天和他結有「兄弟之約」，即男色關係。信上寫著，戀人分處敵對陣營就此訣別，實在太教人傷感，因此春田主左衛門希望能和半平相聚一天。城主伊集院春成得知此事後表示：「世間難耐者莫過於執愛戀慕」，並允許半平外出。半平和春田主左衛門便在城外宴飲，共度了一天。

《庄內軍記》中還有另一則男色故事。武彥左衛門尉和平田民部左衛門尉兩人結有男色關係，經常一起征戰沙場。平田受了致命傷，在斷氣前託付武彥左衛門尉：「我曾答應島津義久公將為他殉死，若死在這裡便會因此食言。將來義久公過世時，你能不能以我的名義為義久公殉死呢？」十二年後島津義久過世時，武彥左衛門尉便以「平田民部左衛門尉　名代（代理人）・武彥左衛門尉」的名義殉死。

一場庄內之亂就有三則男色美談，而且這些故事還繼續為後人傳頌，可見男色文化在薩摩極為流行。

男色反對派與贊成派的見解

○●儒學師徒對男色意見不一

日本古人多以寬容的態度面對男色，不過自然也有反對男色的人。例如成書於室町時代的《若氣嘲弄物語》（西元一四五〇年），從頭到尾都在批評男色，還宣稱人人遠離男色就會天下太平。反對男色的名人之中，有位儒學者名叫中江藤樹。中江藤樹在其著作中提到：

> 和尚上人使幼者扮作女人模樣，稱稚兒喝食，以之為妻，誠為可恥，荒謬至極，雖有不婬戒法，仍行此違背天理之事，其末流如此，更劣於畜生。

僧侶將稚兒當作妻子般對待，令中江藤樹極為不快，甚至辱罵他們比畜生還要低劣。中江藤樹的弟子擴大解釋他的言論，不但針對僧侶，甚至批判起一切男色行為。

然而，中江藤樹卻有一位贊成男色的弟子，名叫熊澤蕃山。熊澤蕃山反對老師的理由最主要在於，中國的聖人皆未主張禁絕男色，如宋學的創始者周敦頤、朱子學的創始者朱熹皆是如此。日本社會也未將男色行為當作不義之舉，在此情況下，一些有為之士不知男色不義而嘗試男色，倘若學者一味否定男色，將會錯失舉用這些人才的機會。況且男色為世人所認同，單方面否定男色只會樹立更多敵人。熊澤蕃山指出，如果認為男色行為豬狗不如，只要自己不接觸男色即可，沒必要將這類價值觀強加在他人身上。

另有一位否定男色的名人水戶光圀，他在著作《玄桐筆記》中提到：「女色雙方都歡愉，男色只有自己歡愉，對方痛苦。」因而對男色持反對意見。然而所謂「對方痛苦」是不懂男色的人才會說的話，可見水戶光圀還不夠了解男色。

熊澤蕃山當然不是唯一贊成男色的人。井原西鶴說：「因有女色，愚昧之人不絕，唯願若道為世間之契，成就無女之男島。」也就是說，正因為有女色，才會有這麼多人做出愚蠢的行為，但願若道（眾道）成為世人的共識，使我們活在一個沒有女性、只有男性的島上。

而蘭學者平賀源內則發表了中立的言論：「好女郎者厭惡若眾，好若眾者毀謗好女郎者。此議論自古以來無分勝負。無論何世皆有男色與女色，吉原與堺町亦無時無刻不可見到因色而狂的愚者。」

不過我們也不能忘記，支持男色的井原西鶴，以及態度中立的平賀源內，本身都是男色的愛好者。

與男色有關的「合法」報仇事件

○●為死去的義兄報仇雪恨

江戶幕府在特定條件下允許報仇行為，而當時有許多報仇事件都與男色有關。西元一六七〇年（寬文十年）五月，原為庄內藩士的伊藤甚之助，在江戶城下的御徒町遭人殺害。犯人是一名十九歲的少年，名叫片岡平八郎。平八郎同樣是庄內出身，曾和伊藤甚之助共事。伊藤甚之助在三年前殺害了一名小姓，町野市三郎，他為此從庄內逃至江戶。根據評定所[16]的訊問，平八郎和市三郎為義兄弟，結有眾道之契。平八郎在市三郎死後花了三年，終於找到伊藤甚之助，親手為義兄報仇。平八郎最後被判於谷中的法恩寺切腹，然而評定所相當同情平八郎，他的行為也在江戶城中獲得好評。

幕末刊行的《武江年表》，在寬永十七年（西元一六四〇年）的條目下記錄了下列事件：

> 美少年伊丹右京（十六歲）侍何某侯，因男色之志，今年四月斬殺同藩細野主膳，同月奉主君之命，於淺草慶養寺自盡。其時，與右京結有男色之契者，同藩美少年舟川采女（十八歲），亦至其寺自盡。

十六歲的美少年伊丹右京，因「男色之志」殺害細野主膳，被判於淺草慶養寺切腹，與右京結有男色之契的十八歲美少年舟川采女，也在同處自殺身亡。右京和采女結有眾道之契，細野主膳卻不斷追求右京，右京不答應細野主膳，他便為此感到氣憤，計畫殺害右京。右京察覺此事後先發制人，殺害了細野主膳，這就是事件的真相。

所謂的眾道之契即是如此深厚的情誼。

【16】日本古代處理訴訟的機關。

因男色而被抄家的藩主

○●生駒騷動：高松藩主的男色愛好毀了全家

江戸時代的藩國幾乎算是獨立的組織，但其生殺大權還是掌握在幕府手裡，因此藩主必須小心行事才不致被幕府抄家。不過，各藩有時候還是會因家督繼承、家臣權力鬥爭等問題，發生內部紛爭，這類內亂稱為「御家騷動」。西元一六四〇年（寬永十七年）高松藩的「生駒騷動」便是其中之一。

關原之戰時，生駒家父子二人分別參加東西兩軍，參加東軍的生駒一正受德川幕府認可，統領讚岐國。生駒一正的孫子生駒高俊，正是「生駒騷動」的禍首。生駒高俊年輕時起便沉迷男色，愛好由美少年演出的風流舞。生駒高俊二十四歲娶妻後依然不改男色愛好，總是不進大奧（後宮），而是待在中奧（辦公起居處）和小姓在一起。當時幾乎每天都有風流舞的表演，就連高俊前往江戶參勤交代時，也會帶著身穿華美服裝的美少年同行，東海道沿路居民聽聞高松藩大名隊伍經過，都會跑到路上來看熱鬧，將該隊伍稱為「生駒若眾行列」。

高松藩之中，前野助左衛門、生駒將監兩名家臣原本就處於對立關係，前野助左衛門是高俊外祖父藤堂高虎扶植的家臣，生駒將監則為生駒家的譜代家臣。生駒高俊無法有效統御家臣，使得高松藩發生內亂一分為二，最終由幕府介入，平息這場紛爭。然而，生駒高俊不顧藩政、無法平息藩內糾紛，因此遭到幕府問罪，生駒家被判改易，生駒高俊則被流放至出羽國的由利郡。生駒高俊後來可能有所悔悟，不再沉迷若眾，與妻子生下六名子女。然而關原之戰中父子分參東西兩軍，好不容易得來的領地，卻因子孫的男色愛好而被幕府沒收，委實可嘆。

○●黑田騷動：藩主公私不分差點被抄家

另有一場因男色而起的御家騷動，即筑前黑田家發生的「黑田騷動」。

黑田家的藩祖為黑田長政，他曾侍奉德川家康，以賢明著稱。黑田長政死後，由其長子黑田忠之繼承家督。黑田忠之寵愛一個名叫倉八十太夫的男子，使得家中一片混亂。十太夫少年時期曾是忠之的「戀童」，隨侍在忠之身旁。由戀童一詞可知兩人肯定有過男色關係。忠之相當溺愛十太夫，不僅將他的俸祿加為九千石，甚至不和眾臣商量，擅自讓十太夫當上家老。從此眾臣呈給忠之的諫言書，就不得不經過家老十太夫之手。十太夫故意對眾臣的諫言書視而不見，導致藩政紊亂。

黑田家的家老栗山大膳為使黑田家得以延續，便將此事告知幕府。最後黑田家保住領地，而十太夫則遭到驅逐，栗山大膳也因告發主君之罪，被流放至奧州盛岡。

黑田騷動平息後，黑田忠之終於幡然悔悟，在島原之亂和保衛長崎的工作中立下功勞。十太夫試圖立功以重返黑田家，但這個願望並未實現，據傳他最終死於京阪一帶。

浮世繪春畫繪師——鈴木春信

○●不被世人排斥的男男春畫

鈴木春信為十八世紀中期的知名浮世繪師，首創多色印刷的「錦繪」而在歷史上負有盛名。春信在現代被評為「美人畫的名家」，但他的作品裡不只有美人畫和風景畫。春信還創作過「枕畫」——即以男女性交為題的春畫，時人常在行房前欣賞枕畫提高「性致」。

春信的枕畫代表作為《風流豔色真似衛門》系列，其中也有年輕商人在陰間茶屋街和陰間交合的場景。該系列共有二十四幅，一幅描繪男男性交，其餘二十三幅均為男女性交情景，可見當時男女取向的色情刊物中，也會若無其事地夾雜著男男性交的畫面。這麼做的人不只春信，知名江戶浮世繪師奧村政信的春畫《閨之雛形》系列共十三幅，其中也有一幅是以男男為題的春畫。再次證明當時男色和女色沒有高下之分。

春畫《風流豔色真似衛門》共有二十四幅，主角「真似衛門」服用仙女給的秘藥後身體縮小，來去各處偷看他人房事。上方圖畫並非男女交合，而是陰間與客人性交的情景，右上角的小人即真似衛門。

專欄

陰間茶屋買春以線香計時

江戶時代客人於陰間茶屋買春時，和現在一樣有時間限制。

當時沒有時鐘，無法準確計時，因此時人便以線香代替碼表。一炷香點燃直到燃盡的時間稱為「一切」，客人得以在時間內和陰間交歡。我們無從得知當時線香燃盡所需的確切時間，但大致應為四十到六十分鐘，這點也和現在的特種行業差不多。

一般會將線香插於木箱上，並在線香下方標記陰間的名字。在茶屋打雜的男女見陰間和客人上二樓之後，便會將線香點燃，然後在線香燃盡時上樓通知。

順帶一提，西元一七六八年（明和五年）發行的《男色細見三之朝》提到，「江戶一切金百疋」，意即「一切」約值一分錢（約兩百五十文錢），當時一份蕎麥麵十六文錢，因此這個價格換算下來約為蕎麥麵的十五倍。

五

男色漸成禁忌的明治時代

タブーとなった
明治以降の男色

同儕間流行的「硬派」男色

○●若要達成抱負，男色更勝女色？

江戶幕府結束後「武士的眾道」隨之消失，然而時至明治時代，男色文化依然保留了下來，而且並未受到社會歧視。明治時代除了市井的賣春業者外，國家未來的棟樑——即男學生之間的男色「風氣」可說是一大特色。其原因之一在於，胸懷大志、潛心向學的男子認為，與其沉迷「軟派」的女色，不如選擇「硬派」的男色。

米澤藩士雲井龍雄，在戊辰戰爭中參與幕府陣營，受明治政府提防，從此抑鬱不得志。雲井龍雄師事江戶儒學者安井息軒時，曾為色慾所困，無法專心向學，他向老師請教此事，老師回答：「色慾是人的天性，難以抑制。不得已的情況下可以藉由男色排遣色慾，這麼做總比耽溺女色來得好。」

長州出身的三浦梧樓，於明治政府官至陸軍中將，他留有下面這段逸聞：西元一八八二年（明治十五年），三浦梧樓擔任陸軍士官學校校長時，該校學生每晚都會侵犯陸軍幼年學校的學生，三浦梧樓得知此事後，斥責幼年學校學生：「就算你們年紀較小，也不能甘心忍受他人凌辱。」三浦梧樓認為默默受辱的人不具將官資格，但他斥責的既非男色行為，也沒有歧視學校中的男色風氣。

社會主義思想家大杉榮，生於西元一八八五年（明治十八年），他在自傳中回顧陸軍幼年學校時代，淡淡地談起當時的男色經歷：「修學旅行和游泳練習時，『夥伴』幾乎每晚都會侵犯左翼和低年級的少年。當晚我們也和坂田一起，闖進了第四期學生的寢室。」

此外，坪內逍遙的小說《當世書生氣質》於西元一八八六年（明治十九年）出版，坪內逍遙藉書中一名學生之口說道：「與其沉溺女色，還不如沉溺龍陽呢。」這部小說的時代背景為明治十年，而「龍陽」則為中國戰國時代魏王寵愛的美男子龍陽君，後作為男色的代稱。該名學生的話亦即「男色更勝女色」。明治時代的學生可說是將男色當作一種禁慾方式，因而形成獨特的男色風尚。

文豪們年輕時的男色回憶

○●文學作品中刻劃出的男色自畫像

明治時代男學生之間的男色關係並不少見。小說家里見弴在其著作中提到：「我十二、三歲時，學生間依然有股男色風氣，其中尤屬學習院[1]等校最為興盛。我也……曾被比我大好幾屆的學長追求過。」里見弴十二、三歲時，即西元一八九九年～一九〇〇年（明治三十二～三十三年）。可見即使到了明治時代後期，男色行為在學校裡仍然相當常見。

日本幾位大文豪，於明治及後來的大正時代度過少年、青年時期，正好經歷過這股男色風潮，因此經常將自己的男色體驗寫進作品裡。

其中，森鷗外於西元一九〇九年（明治四十二年）在文藝雜誌《昴》發表的小說《性慾的生活》（*Vita Sexualis*），詳細記錄了明治時代學生間的男色風氣。這是本自傳體小說，描寫少年在寄宿學校的生活，主角金井湛的原型正是森鷗外自己。

主角某天來到學長的宿舍，學長突然對他說：「你過來一下，和我一起睡吧。」並想強迫主角和他發生關係。主角好不容易逃了出來，向父親報告這件事。主角父親一點也不驚訝，只是靜靜地說：「嗯，就是有那種人，你自己以後小心一點。」

從這些場景可以推知當時一般人對男色的觀感。時人將女色視為軟派、男色視為硬派，軟派雖佔多數，男色卻有「書生本色」的美名。小說主角金井湛在這股風潮中不耽溺女色，卻也無法適應男色風俗，這部小說即是在描寫他煩悶的Vita Sexualis（性生活）。

西元一九〇一年（明治三十四年）的《萬朝報》中，有一篇名為〈學生的墮落〉的文章，文中提到「父兄也認為這件事（男色）沒有女色來得令人擔憂」，可見《性慾的生活》主角父親對男色的態度，在當時並不少見。

此外，太宰治於西元一九三六年（昭和十一年）發表自傳性小說《回憶》，他在書中坦言，自己在學生時代曾和同學有過同性戀情。小說主角「我」十五歲時，「我和班上一個皮膚黝黑、個頭嬌小的同學偷偷愛著對方。

【1】明治時代宮內省管轄下的學校，專門教育皇族、貴族子弟。

放學回家的路上，我們總是兩個人並肩而行。就算只是不小心碰到對方的小指，我們也會不禁臉紅。」太宰治十五歲那年，即西元一九二四年（大正十三年）。

一窺明治至大正時代的男色風景

○●差點被強暴的文豪與愛上學弟的文豪

今東光生於西元一八九八年（明治三十一年），身兼天台宗僧侶和小說家等身分。今東光在自傳小說《十二階崩壞》中，回顧他和他所景仰的谷崎潤一郎之間的對話。他談到自己的男色經歷：「我國中時有很多這方面的經驗，光是同學就有三個對象，至於學弟，只要是美少年我就遇見一個是一個。」而生於西元一八八六年（明治十九年）、較今東光年長的谷崎潤一郎回應道，自己小時候曾被家人提醒「絕對不可以一個人跑到戸山原去玩」。現在看來，這句話背後的含意是「去了戸山原，如果被早稻田大學的學生捉住，很可能會被強暴」。戸山原位於早稻田大學附近，當時盛傳早大愛好男色的學生會襲擊路過的男子。另外，谷崎潤一郎也談到自己就讀第一高等學校時（西元一九〇五年～一九〇八年），學校也有男色情事發生。

既談到早稻田大學，就不得不提另一位文豪。井伏鱒二生於一八九八年（明治三十一年），西元一九二一年（大正十年）師事早稻田大學俄文系教授片上伸。當時片上伸強迫井伏鱒二與他發生關係，井伏鱒二拒絕後，兩人之間產生嫌隙，井伏鱒二最終被迫退學。他將這段不愉快的回憶，寫進了自傳性小說《雞肋集》當中。而今東光談到片上伸時也說：「片上伸教授頗好此道，我當時聽到傳聞，他會捉住不排斥這類行為的學生，對他們為所欲為。」片上伸於西元一九二四年（大正十三年）辭職，離開早稻田大學。據說他離職的理由正是因為男色。雜誌《日本及日本人》提及片上伸離職一事時寫道：「事件起因於長期的同性戀問題，片上伸的對象至今已有十數名學生，而且片上伸對學生的愛恨情感隨時在改變，連帶影響學生的課業評分，學生對此憤恨不平，騷動因而擴大。」

川端康成生於西元一八九九年（明治三十二年），其小說《少年》帶有回憶錄性質，記錄他就讀住宿制中學時談的一場淡淡的戀愛。西元一九一六年（大正五年），川端康成當時是高年級學生，同時也是宿舍的室長，他和同寢室的學弟清野互相愛慕，每晚都在棉被裡擁抱、接吻。他將這段美好的回憶以及當時的心情毫無保留地寫了下來。川端康成回憶這段戀情時，稱這名少年是「我一生中最初的愛」，且說「他或許是我的初戀」。

藉由文學作品也可看出男色文化的時代變遷，別有一番趣味。

視男色為惡習的觀念開始萌芽

○●向西洋文明看齊，加速排除男色文化

進入明治時代後，多數民眾依舊能夠接受男色文化，然而男色文化卻因某些政治考量而遭政府設法排除。其中最極端的例子為西元一八七三年（明治六年）的《改定律令》，這套法律將男性間的性行為視為「雞姦罪」，違者將遭處罰。明治政府為追求文明開化，成為「西化」的文明國家，因而仿效先進的歐美國家，既然歐美各國（多半因為宗教理由）不允許男色存在，明治政府也無法容忍男色風氣。不過，這套法律很快就在西元一八八二年（明治十五年）被《舊刑法》取代，雞姦罪也隨之消失。《舊刑法》的起草人，法國法律學者布瓦索納德（Gustave Émile Boissonade de Fontarabie）主張，刑法不應過度介入國民私生活，因此也不應責罰成年人合意之下的男色行為。

政府雖然不再以法律禁止男色，然而到了明治後期，日本社會逐漸視男色為一項惡習。

明治時代有本頗為流行的雜誌名叫《冒險世界》，西元一九〇九年（明治四十二年）該雜誌的編輯河岡潮風，在雜誌中撰文批判學生的男色行為，他寫道：「身為一個學生，在國中畢業以前一定會知道男色是什麼。」同年，森鷗外發表的自傳性小說《性慾的生活》遭到政府禁止發行（一方面也是因為小說中含有色情內容）。隨著新聞媒體發達，報章雜誌流通，男色曾遭法律禁止一事，以及男色相關的社會事件逐漸廣為人知，民眾也開始視男色為惡習。此外，日本自古以來「僧侶與稚兒」、「念者與若眾」的男色傳統也被人重新審視，這些關係的當事人除了有年齡差距之外，在社會地位和精神層面也有強弱之分，越來越多人認為，這種上位者強迫下位者發生性行為的支配關係，有嚴重的倫理道德問題。

時至大正時代，歐美的「性學」（Sexual Science）傳入日本，當時性學對男色存有偏見，所有的「同性戀」皆被視為性慾異常的「疾病」。同性戀者也因此被貼上性倒錯者、變態性慾者等歧視性標籤，不但必須隱瞞自身性取向，還可能因身為少數而自我貶低。同性戀當然不是疾病。然而，任何時代都可能因錯誤資訊氾濫，導致社會充斥偏見，隨著時代變遷，這類偏見在後人眼中將會可笑得難以置信。因此當我們回顧日本「男色」的歷史時，也必須自我警惕，不可囿於「現代人特有的偏見」之中。

Issue 22

日本男色物語——從奈良貴族、戰國武將到明治文豪，男男之間原來愛了這麼久

監　修—武光誠
譯　者—馮鈺婷
主　編—林芳如
責任編輯—劉　璞
執行企劃—廖婉婷
美術設計—徐睿紳
內頁排版—楊珮琪
總 編 輯—曾文娟
發 行 人—趙政岷
出 版 者—時報文化出版企業股份有限公司
10803 台北市和平西路三段二四〇號七樓
發行專線—（〇二）二三〇六六八四二
讀者服務專線—〇八〇〇二三一七〇五
（〇二）二三〇四七一〇三
讀者服務傳真—（〇二）二三〇四六八五八
郵撥—一九三四四七二四時報文化出版公司
信箱—台北郵政七九～九九信箱
時報悅讀網—http://www.readingtimes.com.tw
電子郵件信箱—ctliving@readingtimes.com.tw
法律顧問—理律法律事務所　陳長文律師、李念祖律師
印　刷—勁達印刷有限公司
初版一刷—二〇一七年一月二〇日
初版二刷—二〇一九年六月二十一日
定　價—新台幣三二〇元
（缺頁或破損的書，請寄回更換）

時報文化出版公司成立於一九七五年，
並於一九九九年股票上櫃公開發行，於二〇〇八年脫離中時集團非屬旺中，
以「尊重智慧與創意的文化事業」為信念。

日本男色物語：從奈良貴族、戰國武將到明治文豪，男男之間原來愛了這麼久 / 武光誠監修；馮鈺婷譯. -- 初版. -- 臺北市：時報文化, 2017.01
面；　公分. -- (Issue)

ISBN 978-957-13-6859-7 (平裝)

1. 同性戀 2. 歷史 3. 日本

544.751　　　　105023523

ISBN 978-957-13-6859-7
Printed in Taiwan